MERIAN *live!*

Königsberg

Erhard Gorys

W0180490

GU GRÄFE UND UNZER

Einst eine der größten Buchhandlungen Europas: Gräfe und Unzer

INHALT

Willkommen in Königsberg

Eine Stadt stellt sich vor	4
Anreise und Ankunft	14
Königsberg mit und ohne Auto	16
Hotels und andere Unterkünfte	18

Königsberg erleben

Sehenswertes	22
Museen	52
Essen und Trinken (mit Eßdolmetscher)	56
Einkaufen	66
Mit Kindern unterwegs	70
Feste und Feierlichkeiten	72

Spaziergänge

Vom Schloßteich zur Luisenkirche	74
Vom Dom zum Südbahnhof	76

Ausflüge

Mit dem Auto: Rund um das Samland	80
Mit dem Auto: Zur Kurischen Nehrung mit einem Abstecher nach Klaipėda (Memel)	86
Mit dem Auto: Durch die Elchniederung nach Sowjetsk (Tilsit)	96
Mit dem Auto: Durch die Heimat der Trakehner zur Rominter Heide	100
Mit dem Auto: In den Süden der Oblast	108

Wichtige Informationen

Königsberg von A bis Z	114
Geschichte auf einen Blick	122
Orts- und Sachregister	124

Karten und Pläne
Königsberg/Kaliningrad: Klappe vorne; **Königsberg um 1931:** Klappe hinten; **Samland und südliche Oblast:** Umschlag Rückseite; **Die Kurische Nehrung:** S. 88; **Klaipėda (Memel):** S. 93; **Elchniederung und Rominter Heide:** S. 99

Die Königsberger trauern um ihre Heimat, um die zerstörte Kapitale Ostpreußens. Die Kaliningrader aber lieben ihre Stadt, die langsam schöner wird.

Königsberg, heute Kaliningrad, ist die Hauptstadt des gleichnamigen Gebietes (**Kaliningradskaja Oblast**), einer 15 100 Quadratkilometer großen Exklave der Russischen Föderation, umgeben von Litauen, Polen und der Ostsee. 930 000 Menschen, überwiegend Russen, leben in der Oblast, davon fast jeder zweite, 430 000, in der Hauptstadt. Von den 430 000 Kaliningradern sind 340 000 Russen, 40 000 Weißrussen, 30 000 Ukrainer und 10 000 Litauer; auch etwa 1000 Deutsche leben in der Stadt am Pregel.

Am Anfang war der Marktort Tuwangste

1255 eroberte der **Deutsche Orden** das Samland und zerstörte auch die mächtige Burg Tuwangste auf einem Hügel wenige Kilometer vor der Mündung des Pregel in das Frische Haff. Zu Füßen der Burg lag die Siedlung Tuwangste, ein ansehnlicher Markt- und Hafenort der samländischen Prussen. Dieses Tuwangste trieb schon im 11. und 12. Jahrhundert regen Handel mit den Wikingern und beherbergte

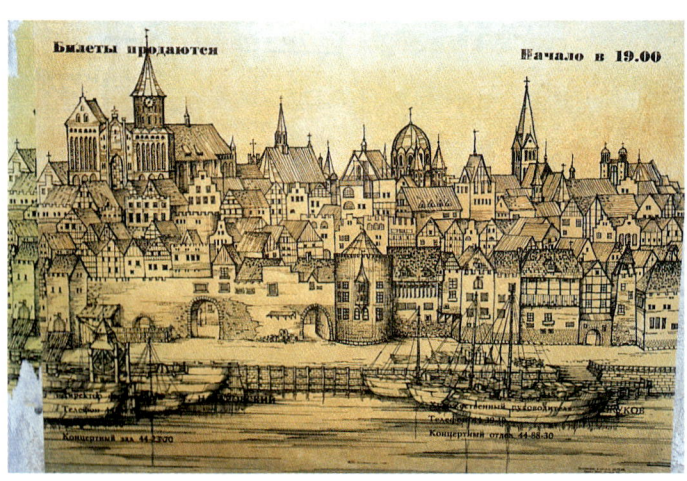

Königsberg in einer historischen Sicht

seit Anfang des 13. Jahrhunderts auch eine Handelsniederlassung der **Deutschen Hanse**.

Im Laufe weniger Jahrzehnte bildeten sich neben dem Siedlungskern, der **Altstadt**, die lebendige Handwerkerstadt **Löbenicht** und auf der Pregelinsel zu Füßen der Burg – direkt am Flußübergang der alten Bernsteinstraße – die noble Kaufmannsstadt **Kneiphof**. Auf der **Burg Königsberg** residierten anfangs der Ordensmarschall und der Bischof des Samlandes. Zwischen 1333 und 1380 entstand auf der Kneiphofinsel der gewaltige **Dom** als Zeugnis der Größe des Deutschen Ordens auf dem Höhepunkt seiner Geschichte. 1339 schloß sich die Königsberger Altstadt dem Städtebund der Deutschen Hanse an, danach folgten Löbenicht und Kneiphof.

Aufstieg zur Residenzstadt Königsberg

Die verlorene **Schlacht bei Tannenberg** (1410) leitete den Niedergang des Deutschen Ordens ein, der 1457 die Marienburg an Polen verpfänden mußte und die Ordensresidenz nach Königsberg verlegte. Von da an war die Stadt am Pregel Residenzstadt und blieb es auch, als der letzte Hochmeister Albrecht von Brandenburg im Jahre 1525 den Ordensstaat in ein weltliches Herzogtum »Preußen« umwandelte. Es war wohl das einzige Mal in der Geschichte, daß ein Staat den Namen des von ihm besiegten Volkes annahm.

Bei Festen im Gebiet der Kaliningrader Oblast werden die russischen Volkstrachten getragen

Am 18. Januar 1701 setzte Friedrich III., Kurfürst von Brandenburg, im Einverständnis mit Kaiser Leopold I. im Audienzsaal des Königsberger Schlosses sich und seiner Gemahlin Sophie Charlotte die Königskrone auf. Als Friedrich I. war er der erste König in Preußen, Preußen war vom Herzogtum zum Königreich aufgestiegen. Sein Sohn Friedrich Wilhelm I., der Soldatenkönig, vereinigte am 28. August 1724 Altstadt, Löbenicht und Kneiphof zur »Königlichen Preußischen Haupt- und Residenzstadt Königsberg«, einer Stadt, die mit insgesamt 40 000 Einwohnern damals doppelt so groß war wie das brandenburgische Berlin.

Ab 1770 wirkte der Philosoph **Immanuel Kant** an der Universität Königsberg. Während des Siebenjährigen Krieges (1756 bis 1763) rückten die Russen in Ostpreußen ein und wurden von der Königsberger Bevölkerung mit Jubel begrüßt. Es begann eine fast fünfjährige Besatzungszeit unter dem deutschbaltischen Gouverneur Baron von Korff, in der die Königsberger besser lebten als unter der Regierung Friedrichs des Großen.

Der Handel blühte, jeder hatte Arbeit und Brot, und gefeiert wurde öfter und üppiger als zuvor. Sonst hatte sich nichts geändert, außer daß statt des Preußenadlers nun ein doppelköpfiger Zarenadler auf der Staatsflagge wehte. Besonders schlimm waren die Jahre nach der Russenzeit, als 1764, 1769 und 1775 drei gewaltige Brände fast die ganze Stadt einäscherten. Am 14. Juni 1807, zwei Tage nach der Schlacht bei Friedland, marschierten die Franzosen in Königsberg ein. Am 10. Juli desselben Jahres nahm Kaiser Napoleon I. Quartier im Schloß. 1808 verlegte die preußische Königsfamilie ihre Residenz nach Königsberg, wo sie im Schloß wohnte, im Sommer jedoch im Landhaus des Schul- und Kirchenrats Busolt auf den Hufen. Im Februar 1813 verabschiedete der ostpreußische Landtag in Königsberg das Landwehrgesetz, die Voraussetzung für den Beginn der Freiheitskriege.

Die Revolution von 1848 verlief in Ostpreußen unblutig. Zwar zogen Menschenmassen demonstrierend durch die Königsberger Innenstadt, schwenkten Fahnen und skandierten Parolen, aber nirgendwo brauchte das Militär einzugreifen. 1853 fuhr die erste Eisenbahn von Königsberg nach Berlin. Am 18. Oktober 1861

Die im Stil der Renaissance erbaute Alte Börse hat den Krieg überstanden

setzte sich Wilhelm I. in der Königsberger Schloßkirche die Königskrone aufs Haupt. 1894 bis 1901 entstand der Königsberger Seekanal, wodurch die Stadt zum größten deutschen Getreideausfuhrhafen avancierte. 1919 wurde der erste Zivilflughafen Deutschlands eingeweiht.

Kampf um Königsberg

Als nach dem Ersten Weltkrieg Westpreußen zu Polen kam, wurde Ostpreußen eine deutsche Exklave. Erst die Einrichtung der **Deutschen Ostmesse** im Jahre 1920 stellte die Mittler- und Brückenfunktion Ostpreußens zu den Oststaaten für das Deutsche Reich wieder her. Doch dann machte der Zweite Weltkrieg alles zunichte. In zwei Augustnächten des Jahres 1944 (26./27. und 29./30.) zerstörten britische und amerikanische Bomberverbände die gesamte Innenstadt. 4200 Menschen kamen ums Leben, 200 000 verloren ihre Wohnung. Am 12. Januar 1945 begann der russische Großangriff. Schon nach wenigen Tagen drangen sowjetische Heeresverbände in Ostpreußen ein. Am 31. Januar 1945 schloß die Sowjetarmee den Ring um die »Festung Königsberg«, doch deutschen Truppen gelang es, einen Korridor nach Pillau freizukämpfen: Auf der sogenannten »Straße des Todes« konnte ein Großteil der Bevölkerung Ostpreußens entkommen. Am 6. April trat die Rote Armee zum Sturm auf Königsberg an. Drei Tage später, am 9. April, unterzeichnete der deutsche Kommandeur General Otto Lasch die Kapitulation und wurde deswegen von Hitler in Abwesenheit zum Tode verurteilt.

Auf der Suche nach Identität kommen die Kosakenuniformen wieder zu Ehren

Weite Dünen erstrecken sich im Gebiet
der Kurischen Nehrung;
hier bei Nidden im litauischen
Teil dieser Landschaft

Aus Königsberg wird Kaliningrad

Die Potsdamer Konferenz der drei Siegermächte USA, Großbritannien und Sowjetunion vom 17. Juli bis 2. August 1945 sah unter anderem die verwaltungsmäßige Zuordnung des nördlichen Ostpreußens bis zur endgültigen Regelung durch eine Friedenskonferenz zur Sowjetunion vor. Am 17. Oktober 1945 gliederte die UdSSR dieses Gebiet der Sowjetrepublik Rußland an, Königsberg wurde Hauptstadt dieses Gebietes. Noch im Herbst trafen die ersten Neubürger aus verschiedenen Sowjetrepubliken ein – doch nur ein Teil von ihnen kam freiwillig. 1947 erhielt »Kenigsberg«, die Hauptstadt der Oblast (Gebiet), den neuen Namen »Kaliningrad«. Der Name erinnert an den Kommunisten und Stalinfreund Michail Iwanowitsch Kalinin (1875 bis 1946). Er war das erste Staatsoberhaupt der Sowjetunion. Inzwischen war die Zahl der deutschen Einwohner durch Todesfälle, Exekutionen und Deportationen auf etwa 25 000 zurückgegangen, die bis 1948 fast ausnahmslos nach Deutschland ausgewiesen wurden. 1956 zählte Kaliningrad bereits wieder 188 000 sowjetische Einwohner, 1971 schon 306 000, heute wird die Zahl seiner Bürger auf 430 000 geschätzt.

Wandel nach fast 50 Jahren Isolation

Von 1946 bis 1991 war Kaliningrad lediglich Verwaltungszentrale eines total abgeschirmten Militärdistrikts, in dem nichts erneuert oder ausgebessert wurde und in dem Menschen wohnten, die nur selten freiwillig hierher gekommen waren. Heute lebt in der Kaliningradskij Oblast bereits die zweite und dritte Generation

LESETIP

Das alte Königsberg lassen folgende Bücher wiederauferstehen: Birgitta Kluge mit **Königsberg in alten und neuen Reisebeschreibungen** (Droste, 1989), Herbert Reinoß in **Meine Heimat Ostpreußen** mit den Erinnerungen großer Ostpreußen von Käthe Kollwitz bis Hermann Sudermann an ein geliebtes Land (Langen Müller, 1989) und Marion Gräfin Dönhoff mit ihrer **Kindheit in Ostpreußen** (Siedler, 1988). Mit den heute in der Kaliningrader Oblast lebenden Menschen unterhielt sich Christian Graf Krockow in **Begegnung mit Ostpreußen** (Deutsche Verlags-Anstalt, 1994).

Die landwirtschaftlich geprägte Region hat heute große Probleme

von Russen, Weißrussen, Ukrainern, Kasachen, Litauern und anderen ehemaligen Sowjetbürgern. Für diese Menschen, die hier geboren wurden und hier eine Familie gründeten, sind die Stadt und die Exklave ihre Heimat. Diese Heimat wollen sie endlich schmücken, mit schönen Bauwerken, breiten Straßen und reizvollen Parkanlagen. Und tatsächlich gelingt ihr Vorhaben, obwohl das Geld knapper ist denn je: Kaliningrad und sein ganzes Umland werden von Jahr zu Jahr schöner.

Nicht nur die Hauptstadt und das Land sind es, die sich zu ihren Gunsten verändern. Auch die Bewohner scheinen sich zu wandeln. Denn selten sieht man in anderen Metropolen der Welt so adrett gekleidete Menschen, so gepflegte Kinder, so wenig Bettler und trotz aller Unkenrufe so wenig Polizei. Und immer sind die Menschen hier freundlich und hilfsbereit, es wird viel und herzlich gelacht.

Natur pur im Land der Störche

Einzigartig ist die Landschaft rings um Kaliningrad, in der gesamten Oblast. Die Natur hat weite Teile des Landes zurückerobert: Die einstige Kornkammer Deutschlands wurde zu brachliegendem Weideland. Nur selten entdeckt man in der Weite der Landschaft die Rinderherde einer Kolchose oder Sowchose, gehütet von einem einsamen Reiterhirten. Mehr als zweihundert Dörfer verschwanden seit Kriegsende vom Erdboden, selten sind Reste eines Hauses zu lokalisieren. Nur wenn die asphaltierte Straße unvermittelt von Kopf-

Im Gebiet der Oblast mischen sich bis heute viele Volksgruppen

steinpflaster abgelöst wird, weiß der Reisende, daß hier früher ein Dorf gewesen sein muß.

Wer die Natur liebt, kommt im Land der Störche voll auf seine Kosten. Denn die ganze Oblast hat sich zu einem einzigen Naturpark entwickelt, in dem noch Tiere leben und Pflanzen blühen, die bei uns zu Hause längst ausgestorben sind. Jede Landstraße behielt hier ihre Allee, und niemand käme auf den Gedanken, die alten Bäume zu fällen, denn wer braucht hier schon Holz? So werden die Wälder immer dichter, die Parks immer prächtiger, sogar in den Städten und Dörfern verstecken sich die verfallenden Häuser im wuchernden Grün. Auch die Straßen scheinen von der Natur zurückerobert zu werden, denn mit Ausnahme der wichtigen Fernstraßen lösen sie sich mehr und

mehr auf. Flüsse überquert man oft nur auf schmalen Balken, doch das stört niemanden, denn wenn der Schulbus hinüberkommt, schafft das auch der erfahrene Taxifahrer. Den eigenen Pkw läßt man also besser daheim und mietet sich einen Wagen, am besten mit Fahrer.

Wer in das alte Königsberg und das nördliche Ostpreußen fährt, darf keine touristische Infrastruktur erwarten, dafür ist die wirtschaftliche Lage der meisten Russen noch viel zu schlecht. Doch finden Reisende in jedem größeren Ort ein bescheidenes Hotel und ein Restaurant mit der berühmten russischen Küche. Nicht überall trifft man allerdings auf Menschen, die deutsch sprechen, aber mit einer Mischung aus deutschen, englischen und russischen Brocken kommt man immer zurecht.

Idylle am Großen Friedrichsgraben bei Mövenort (Rasino)

Es gibt mehr Möglichkeiten, nach Königsberg zu kommen, als man denkt: mit dem Flugzeug, der Eisenbahn, dem Bus, dem Schiff, auch mit dem eigenen Auto.

Da man für die Einreise in das Königsberger Gebiet ein Visum braucht und für die Erteilung des Visums der Nachweis der Unterkunft erforderlich ist, sollte man die Reise über einen erfahrenen Veranstalter buchen, egal ob es sich dabei um eine Individual- oder Gruppenreise handelt (→ Königsberg von A bis Z, Reiseveranstalter, S. 118).

Mit dem Flugzeug

Linienflüge zum Aeroport Chrabrowo, 30 Kilometer nordöstlich von Kaliningrad, starten in Berlin, Hamburg und Kopenhagen, Charterflüge auch in Frankfurt am Main, Köln, Hannover, Stuttgart und anderen Orten. Es fliegen die russische Aeroflot, die weißrussische Belaria und die SAS (Skandinavian Airlines). Die polnische Fluggesellschaft LOD bietet Charterflüge von Köln nach Ortelsburg (Szczytno) in den Masuren an, von dort aus geht es weiter mit dem Bus nach Königsberg.

Der **Aeroport Chrabrowo**, ein ehemaliger sowjetischer Militärflugplatz bei dem gleichnamigen Dorf mit dem früheren Namen Powunden, ist naturgemäß sehr klein und spartanisch eingerichtet.

Mit der Eisenbahn

Von Berlin-Lichterfelde aus fährt der **Königsberg-Expreß** in etwa 15 Stunden nach Königsberg (Kaliningrad). Ankunft am Südbahnhof (Yuschnij Woksal).

Mit dem Bus

8- oder 14tägige Ziel- bzw. Rundreisen mit dem Bus führen zahlreiche renommierte Reiseveranstalter durch (→ Königsberg von A bis Z, Reiseveranstalter, S. 118).

Mit dem Schiff

In Kiel legt wöchentlich einmal eine Fähre nach Königsberg ab. Mehrmals wöchentlich verkehren Fährschiffe von Neu-Mukran auf Rügen und von Kiel aus in die litauische Stadt Klaipėda (Memel). Alle Fähren nehmen Kraftfahrzeuge mit. Litauisches Visum erforderlich.

Mit dem Auto

Wer keine Fähre benutzt, reist normalerweise über Polen ein, wofür ein Transitvisum erforderlich ist. Bagrationowsk (Preußisch Eylau) ist der übliche Grenzübergang zur Kaliningrader Oblast.

Mächtige Eichen flankieren diese Straße bei Trakehnen (Jasnaja Poljana)

Das Taxi ist das ideale Fortbewegungsmittel, denn mit ihm kommt man im Königsberger Gebiet sehr preisgünstig an einem Tag überall hin.

Auto

Bei Reisen mit dem Auto benötigt man den Fahrzeugschein und den Führerschein. Es ist empfehlenswert, auch den internationalen Führerschein mitzunehmen. Die internationale Grüne Versicherungskarte gilt in Rußland nicht, doch stellen die meisten Versicherungsgesellschaften eine entsprechende Bescheinigung aus. Der Abschluß einer Kurzkasko- und Insassenunfallversicherung schon im Heimatland ist ratsam.

In der Königsberger Oblast gibt es ausreichend viele **Tankstellen** mit Normalbenzin (92 Oktan), Superbenzin (95 und 98 Oktan) und Dieselkraftstoff. Bleifreies Benzin (95 Oktan) bekommt man zur Zeit nur in Kaliningrad, Tankstelle Moskauer Prospekt (Moskowskij pr., (**Московский пр.**), nahe dem »Haus der Räte«. Mit einer Tankfüllung kommt man in jeden Ort der Oblast und wieder zurück.

Tankstellen befinden sich im allgemeinen an den Ausfallstraßen der Städte. Und noch immer gilt die alte Regel aus sowjeti-

Aus der Vorkriegszeit stammt diese Tankstelle an der ehemaligen Berliner Straße

scher Zeit: erst zahlen, dann tanken! Die Straßen in der Kaliningrader Oblast befinden sich in unterschiedlichem Zustand. Fernstraßen sind im allgemeinen gut asphaltiert, Nebenstraßen weisen dagegen sehr oft ungesicherte Gefahrenstellen auf. Es empfiehlt sich, möglichst nur bei Tageslicht zu fahren. Besonders im Stadtbereich von Kaliningrad (Königsberg) nimmt der Straßenverkehr von Jahr zu Jahr zu. In den Rush-hours morgens und nachmittags sind die Hauptverkehrswege oft hoffnungslos verstopft. Landstraßen dagegen sind meist angenehm leer.

Die Verkehrsregeln entsprechen grundsätzlich den internationalen Normen. Die Höchstgeschwindigkeit beträgt innerhalb der Ortschaften 60 km/h, außerhalb 90 km/h bzw. 70 km/h für Kraftfahrzeuge über 3,5 t. Wer seinen Führerschein noch nicht länger als zwei Jahre besitzt, darf ebenfalls nur bis 70 km/h fahren. Radarkontrollen finden innerhalb wie außerhalb der Ortschaften recht häufig statt. Im Straßenverkehr besteht absolutes Alkoholverbot. Wer abends mehrere Glas Wodka getrunken hat, sollte am nächsten Morgen seinen Wagen stehenlassen (Restalkohol!).

Mietwagen sind in Königsberg noch eine Ausnahme, denn das Taxi ist billiger. Bisher wirbt nur ein Unternehmen für Mietwagen:

Rotator Company ■ D 2
Sergejewa
Kaliningrad
Tel. und Fax 01 12/43 43 00

Bus

Jede Stadt und jedes Dorf in der Oblast ist bequem mit einem Linienbus zu erreichen, dessen Fahrplan allerdings ausschließlich von den Bedürfnissen der Berufstätigen und der Schüler bestimmt wird. Es ist also auch im härtesten Winter möglich, ein abgelegenes Dorf zu erreichen. Aber zurückkehren kann man oft erst am folgenden Tag.

Bahn

Die Eisenbahn verbindet im Königsberger Gebiet alle wichtigeren Städte miteinander. Die Fahrpreise sind – aus westlicher Sicht – sehr niedrig, die Fahrzeiten richten sich vorwiegend nach dem Berufsverkehr. Fast im Stundentakt verkehren die Züge im Sommer von Kaliningrad (Süd- und Nordbahnhof) zu den Badeorten Swetlogorsk (Rauschen) und Selenogradsk (Cranz).

Taxi

Das Taxi ist das schnellste Transportmittel in der Oblast. Wer das Glück hat, einen ortskundigen und dazu noch deutschsprechenden Fahrer zu finden, kann die schönsten Ausflüge durch das Land unternehmen. Wer das Taxi über das Hotel bzw. einen offiziellen Reiseleiter bestellt, zahlt etwa 50 Prozent mehr, bekommt dafür aber einen verläßlichen Fahrer. Bei Tagesausflügen sorgen viele Fahrer für ein opulentes Picknick.

Da der Tourismus im nördlichen Ostpreußen noch lange nicht wieder seinen Vorkriegsstand erreicht hat, sind ordentliche Hotels nach wie vor äußerst rar.

Grundsätzlich gilt, daß jeder Königsberg-Reisende seine Unterkunft im voraus buchen muß, weil er sonst kein Visum erhält. Es ist also noch nicht möglich, durch die Oblast zu reisen und sich hier oder da nach Belieben ein Quartier zu suchen. Man kann allerdings ein Hotel oder mehrere Hotels im voraus schriftlich oder fernschriftlich um eine Zimmerbuchung bitten, deren beglaubigte Bestätigung für die Visum-Erteilung ausreicht.

Für diejenigen, die Königsberg das erste Mal besuchen, ist es allerdings sicherer und auch bequemer, einen erfahrenen Veranstalter mit der Zimmerbuchung und der Erledigung der notwendigen Formalitäten zu beauftragen. Man kann dann sicher sein, daß die Unterkunft zwar bescheiden, aber ordentlich ist. Deutsche Reiseveranstalter begannen gleich nach der Wende im Jahre 1991 mit dem Aufbau einer touristischen Infrastruktur, sie verwandelten die verfallenen Staatsherbergen im Zuge von Joint-ventures in moderne Hotels, die weitgehend den west-

Auf gehobenem Niveau speist man im Hotelschiff Hansa

lichen Durchschnittsstandard erreichen. Und unter diesen Hotels sind mehrere, in denen man sich ausgesprochen wohl fühlen kann.

Die Anzahl und die Qualität dieser Hotels richtet sich nach der Nachfrage. Die Einzel- und Gruppenreisenden, die heutzutage nach Königsberg kommen, legen keinen Wert auf eine Luxusherberge, sondern auf eine saubere, freundliche und preiswerte Unterkunft. Deutsche Gruppen bevorzugen die Hotels Kaliningrad, Deima, Tourist und vor allem das Hotelschiff Hansa. In allen Hotels kann man Geld wechseln. Kreditkarten sind allerdings derzeit noch kein akzeptiertes Zahlungsmittel.

Vielerorts, wie beispielsweise in Trakehnen (Jasnaja Poljana) und in Gilge (Matrosowo), stehen auch ansprechende **Privatquar**tiere zur Verfügung. Diese Quartiere vermitteln örtliche Restaurants oder Tourist-Informationen. **Jugendherbergen** gibt es zur Zeit noch nicht. **Campingplätze** sind in der Oblast noch selten. Bekannt ist allein der Platz Baltika neben dem gleichnamigen Hotel in Königsberg. Weitere Plätze sind in Königsberg und im Seebad Rauschen geplant. Freies Zelten ist nicht erlaubt.

Preisklassen

Die wenigen westlichen Touristen zur Verfügung stehenden Hotels sind bislang nicht klassizfiziert. Um dennoch vergleichen zu können: Die Preise beziehen sich auf eine Übernachtung für eine Person im Doppelzimmer inklusive Frühstück.
Luxusklasse ab 120 DM
Obere Preisklasse 85–110 DM
Mittlere Preisklasse 60–80 DM
Untere Preisklasse 20–60 DM

DER BESONDERE TIP

Hotelschiff Hansa Es liegt im Stadtzentrum und doch ruhig am Pregelkai. Die Zimmer sind zwar klein, aber sauber und mit einer Naßzelle ausgestattet, das Frühstücksbuffet ist reichhaltig und das Abendessen abwechslungsreich, der Service freundlich und deutschsprachig. Kommt man abends nach der Besichtigungstour erschöpft auf das Schiff zurück, erholt man sich auf dem Promenadendeck mit herrlichen Blicken auf den Dom, die Börse, den Hafen und auf die zahllosen Schwalben, die das Schiff umschwärmen. Nab. Marschala Bagramjana 6 (наб. Маршала Баграмяна), am Pregel, nahe der Kneiphofinsel, Tel. 01 12/43 38 06, Fax 43 37 71, 55 Zimmer und 4 Suiten, Obere Preisklasse ■ C 4

Baltica

Modernisiertes ehemaliges Motel an einem Teich, an dem es auch einen Bootsverleih gibt.
Moskowskij pr./Zaozero pr. (Московский пр.)
Tel. 01 12/45 55 30, Fax 45 35 43
151 Zimmer, 9 Suiten
Mittlere Preisklasse

Baltikinn/Balt Company ■ B 4

Hotelschiff mit bescheiden eingerichteten Kabinen unweit vom Hotelschiff Hansa (Der Besondere Tip, S. 19). Restaurant, Café, Bar und bewachter Parkplatz.
nab. Marschala Bagramjana (наб. Маршала Баграмяна), am Pregel
Tel. 01 12/46 16 62, Fax 46 16 04
174 Zimmer
Untere Preisklasse

Bremerhaven

Luxuriöses Gästehaus der Stadt Kaliningrad im Stadtteil Amalienau, auch für Privatgäste. Das parkähnliche Grundstück mit Tennisplatz ist von einer hohen Mauer umgeben und wird streng bewacht. Konferenzräume, Bar, Caféteria vorhanden, Swimmingpool und Sauna im Kellergeschoß.
Kaschtanowaja alleja/uliza Tschapajewa (Каштановая аллея/ул. чапаева)
Tel. 01 12/21 57 08
6 Zimmer, 8 Suiten
Obere Preisklasse bis Luxusklasse

Deima

Restauriertes ehemaliges Seemannsheim mit Restaurant und Spielhalle.
Tolstikowa 15–2 (Толстикова)
Tel. 01 12/44 92 14, Fax 44 92 00
48 Zimmer
Mittlere Preisklasse

Kaliningrad ■ D 3

Das größte Hotel der Stadt, in sehr zentraler Lage und innen vollständig renoviert.
Leninskij pr. 81 (Ленинский пр.)
Tel. 01 12/43 25 91 und 46 94 00,
Fax 46 95 90 und 43 30 21
204 Zimmer, 8 Suiten
Mittlere Preisklasse

Moskwa ■ B 1

Hotel aus der Vorkriegszeit, das Schritt für Schritt renoviert wird. Das Restaurant stammt zwar noch aus stalinistischer Zeit, bietet aber gute russische Küche (→ Der Besondere Tip, S. 60).
Mira pr. 19 (Мира пр.)
Tel. 01 12/27 20 89, Fax 43 30 21
Etwa 200 Zimmer
Mittlere Preisklasse

Patriot

Frisch hergerichtetes Hotel in der Nähe des Botanischen Gartens der Universität.
ul. Osernaja (ул. Озерная)
Tel. 01 12/27 50 17 und 27 50 23,
Fax 27 94 50
48 Zimmer
Mittlere Preisklasse

Tourist

Das Gebäude am Nordostufer des Oberteichs ist häßlich, die Zimmer aber sind modern eingerichtet. Restaurant und bewachter Parkplatz.
ul. Aleksandra Newskogo 53 (ул. Александра Невского)
Tel. 01 12/46 08 01, Fax 45 18 23
104 Zimmer
Mittlere Preisklasse

Tschajka

Ein einfaches, aber zweckmäßig eingerichtetes Haus.
ul. Pugatschewa 13 (ул. Пугачева)
Tel. 01 12/21 07 29, Fax 43 30 21
24 Zimmer, 2 Suiten
Mittlere Preisklasse

Die besondere Art, in Königsberg zu wohnen: Hotelschiffe

Nicht nur die zahlreichen Relikte aus deutscher Vergangenheit sind sehenswert, sondern auch das neue, in russischer Zeit entstandene Kulturgut.

Die meisten Reisenden interessieren sich beim Besuch fremder Städte mehr für die Architektur und Kunst vergangener Zeiten als für moderne Bauwerke und Objekte. Ganz besonders stark ausgeprägt ist dieses auf die Vergangenheit gerichtete Interesse bei den deutschen Besuchern von Königsberg, vor allem bei den »ehemaligen« Ostpreußen, die ihre Heimat wiedersehen oder die Heimat ihrer Eltern und Großeltern kennenlernen wollen. Sie alle werden nicht enttäuscht sein, auch wenn vieles in den Bombennächten und im Sturm auf Königsberg für immer zerstört wurde oder verlorenging.

Die Vorstädte von Königsberg haben sich nur wenig verändert

Tröstlich ist, daß noch viele Objekte erhalten blieben, inzwischen restauriert oder in alten oder neuen Formen wiedererbaut wurden. Ganze Vorstädte, wie beispielsweise **Amalienau**, **Hufen** und **Rosenau**, blieben fast unverändert, sieht man vom Abbröckeln des Fassadenputzes und vom 50jährigen ungehinderten Wachstum in den Gärten und Parks ab.

Russische Kultur ist noch kaum vorhanden

Jüngere Reisende und Touristen, die keine persönliche Beziehung zu Ostpreußen haben, interessieren sich aber auch für das, was die russischen Neubürger inzwischen schufen, Menschen aus Rußland, Weißrußland (Belarus), Kasachstan, Usbekistan, Kirgisistan, Georgien, Litauen, der Ukraine und aus anderen Teilstaaten der ehemaligen Sowjetunion. Das ist allerdings nicht viel: Vor der Wende bestand nur wenig Bedarf an kulturellen Neuerungen, und seit der Wende fehlt das Geld. Allein das Vorhandene zu bewahren, überschreitet bereits den Etat der Oblast. So stammen die auf den folgenden Seiten beschriebenen Sehenswürdigkeiten zu rund drei Vierteln aus deutscher Zeit.

Die **Eintrittspreise** unterliegen starken Schwankungen und sind daher nicht einzeln angegeben. Auch die Gebühren für die Foto- und Filmerlaubnis, so zum Beispiel in der Juditter Pfarrkirche und in der Kirche zur Heiligen Familie (Orgelhalle der Philharmonie), sind sehr unterschiedlich geregelt – teilweise muß mit Devisen bezahlt werden.

Heute das bekannteste Wahrzeichen der Stadt: der Königsberger Dom

KÖNIGSBERG ERLEBEN

Alte Börse ■ C 4/D 4

Am Südende der Hochbrücke, die über die Kneiphofinsel führt, spiegelt sich der stattliche Bau der Alten Börse im Pregelwasser. Zwischen 1870 und 1875 hatte der Architekt Heinrich Müller-Bremen den gewaltigen Bau im Stil der Florentiner Renaissance auf 2200 Eichenpfählen, jeder 12 bis 18 m lang, errichtet. Dem Bombenangriff von 1944 fielen die Allegorien der vier Erdteile Europa, Asien, Afrika und Amerika des Bildhauers Emil Hundrieser (1846–1911) auf dem Dach zum Opfer. Doch seine beiden Portallöwen blieben erhalten. Der Bau dient heute als Kulturhaus der Seeleute und steht allen Kaliningradern mit Operetten-, Musical- und Tanzaufführungen offen. In der alten Börse befindet sich auch das empfehlenswerte und daher gut besuchte Restaurant »Brigantina« (→ S. 60).

Zwei Löwen bewachen den Bau der Alten Börse

Amts- und Landgericht ■ B 1/C 1

Der große Komplex des einstigen Amts- und Landgerichts wird vom Siegesplatz (früher Hansaplatz), Friedensprospekt (früher Hansaring), von der uliza Uschakowa (früher Bernekerstraße) und der uliza Gendelja (Händelstraße) eingefaßt. 1913 entstand der ältere Teil am Hansaring mit einem prächtigen neubarocken Portal. In der Grünanlage vor dem Eingang kämpfen auf hohem Steinsockel über einem Wasserbecken zwei bronzene **Wisentbullen** miteinander. Schöpfer dieser realistischen Gruppe war der berühmte Tierplastiker Prof. August Gaul (1869–1921). Die beiden kämpfenden Wisente kamen im Jahre 1912 als Geschenk des preußischen Kultusministers nach Königsberg. Das Kriegsende überlebten sie im Tiergarten.

1933 wurde der dem Hansaplatz zugewandte Erweiterungsbau des Amts- und Landgerichts vollendet. Die gesamten Gerichtsgebäude gehören heute dem Kaliningrader Technischen Institut für Fischindustrie und Fischwirtschaft (KTI), eine Forschungseinrichtung und Fachhochschule für 5000 Studenten.

Bessel-Gedenkstein ■ B 3

Ein bescheidener, immer mit Blumen geschmückter Gedenkstein auf einer kleinen Anhöhe (Butterberg), östlich der Sternwartebastei, erinnert an den deutschen Astronomen Friedrich Wilhelm Bessel (1784–1846). Bessel, in Minden geboren, war gelernter Kaufmann, interessierte sich aber mehr für die Sterne als für die Buchführung. Ab 1806 wirkte er an der Sternwarte Lilienthal bei Bremen, bis ihn Wilhelm von Humboldt an die Kölner Universität berief. Die Universität Göttingen verlieh ihm für seine bahnbrechenden Forschungen die Ehrendoktorwürde. 1810 folgte Bessel einem Ruf nach Königsberg, wo er 1811 bis 1813 eine Sternwarte baute, in der er bis an sein Lebensende forschte. Er berechnete u. a. die Entfernung eines Fixsterns von der Erde und bestimmte die Größe der Erdoberfläche. 1944 fiel das Observatorium den Bomben zum Opfer.

ul. Generala Galizkogo (ул. Генерала Галицоицкого); früher Steindammer Wall)

Botanischer Garten

Nördlich vom Oberteich wurde 1958 auf dem 16,5 ha großen Terrain der alten Stadtgärtnerei (1905) der neue Botanische Garten eröffnet, der seit 1968 zur Universität Kaliningrad gehört. Der frühere Botanische Garten befand sich zwischen der Besselstraße (ul. Muzejnaja) und der Butterbergstraße (ul. Botanitscheskaja). Er wurde 1809 auf dem Gartengrundstück des Kriegsrats J. G. Scheffner gegründet. Berühmtester Direktor des Gartens war Prof. Ernst Meyer, der sich für die Metamorphosenlehre der Pflanzen seines Freundes Goethe einsetzte und in dem Garten entsprechende Experimente durchführte.

ul. Lesnaja (ул. Лесная; früher Am Stadtgarten)
Mai–Okt. Mo–Fr 9–18, Sa und So 11–19 Uhr

Der Besondere Tip

Amalienau In dem Villenviertel Amalienau scheint die Zeit stehengeblieben zu sein, denn alle Häuser der Zeit vor 1945 sind nahezu unverändert geblieben, da der Zweite Weltkrieg hier keine Spuren hinterließ. Die meisten der prächtigen Villen hat der Königsberger Geldadel an der Wende zum 20. Jahrhundert gebaut. Die neuen Eigentümer – zumeist hohe Offiziere und staatliche Institutionen – sorgten nach 1945 für den Erhalt des Viertels. Heute residieren in den Villen zumeist ausländische Firmen und arrivierte Kaliningrader, einige dienen als Kinder- oder Altenheime. Auch die weltweit bekannte Musikschule Glier unterhält in der uliza Ogarjewa (früher Ottokarstraße) eine Unterrichtsstätte. Reingold Morizewitsch Glier (Reinhold Glière, 1874–1956) war Lehrer der russischen Komponisten Prokofjew und Khatschaturian und komponierte auch selbst. Wer noch einmal das alte Königsberg sehen möchte, weil er oder seine Eltern hier lebten, der streife durch die Kastanienallee (Kaschtanowaja alleja, Каштановая аллея), die Körteallee (Kutusowa, Кутузова), die Regentenstraße (Tschapajewa, Чапаева) und Leostraße (Engelsa, Энгельса), die Dürerstraße (Lesoparkowaja, Лесопарковая) und Ziethenstraße (Kommunalnaja, Коммунальная).

KÖNIGSBERG ERLEBEN

Brandenburger Tor ■ B 5/ B 6

Unweit des Haupt- bzw. Südbahn-
hofs steht seit der Erneuerung des
Befestigungsringes um Königsberg
um die Mitte des 19. Jh. das Brandenburger Tor (**Gorodskije worota
Brandenburgskije**), das einzige von
sechs Stadttoren, das heute noch
als Tor, als Doppeldurchfahrt für Au-
tos, Fahrräder und die Straßenbahn
dient. Wie die anderen Tore wurde
es im eklektizistischen Stil einer
romantisierenden Gotik konzipiert,
erscheint also fast wie das
Tor einer mittelalterlichen Burg.
Zwei steinerne Medaillons
über dem Torbogen zeigen Porträts
des preußischen Kriegsministers
und Heeresreformers Generalfeld-
marschall Hermann von Boyen
(1771–1848) und des Chefs des
preußischen Ingenieurkorps Ernst
Ludwig von Aster (1778–1855).
Der Name des Tores verweist auf
die einstige, etwa 20 km entfernte
Ordensburg an der Mündung des
Frisching in das Frische Haff.
ul. Bagrationa (**ул. Багратиона**;
früher Alter Garten)

Brückenzollhäuschen ■ D 5

Dort, wo die Straße der Oktobere-
volution den Alten Pregel überquert,
steht wie ein graziles Märchen-
schloß das Brückenzollhäuschen
aus dem 19. Jh. Die zugehörige
Hohe Brücke gab es schon im Jahre
1377; 1520 wurde sie neu erbaut,
dann 1882, 1938 und schließlich
1952 (die Pfeiler der Vorgänger-
brücke ragen noch aus dem Fluß).
ul. Oktjabrskaja (**ул. Октябрьская**;
früher Weidendamm)

Dohnaturm ■ E 1

Westlich vom Roßgärter Tor beherrscht der Dohnaturm die Südostecke des Oberteichs. Der mächtige
Rundturm wurde gegen 1850 als
Teil der inneren Festungslinie der

Stadt erbaut. Sein Name erinnert an
Graf Karl Friedrich Emil von Dohna-
Schlobitten (1784–1859), preußi-
scher Feldmarschall und Oberst-
kämmerer, der 1812 als Offizier des
russischen Zaren an der Konvention
von Tauroggen mitwirkte. 1979 richtete man in dem Turm ein **Bernsteinmuseum** ein, das inzwischen
zu den bedeutendsten seiner Art
zählt (→ Museen, S. 54).

Dom ■ D 4

Der Dom auf der Kneiphofinsel ist
nach der Sprengung des Schlosses
das einzige bedeutende Wahrzeichen des alten Königsberg. Der
Backsteinbau entstand ab 1325
am kircheneigenen Ostrand der
Insel. Da noch immer mit Aufstän-
den der einheimischen Prussen zu
rechnen war, wollte der Bischof den
Dom als Wehrbau mit starken Mau-
ern, Ecktürmen und Wehrgängen
errichtet haben. Doch als der Hochmeister des Deutschen Ordens,
Luther von Braunschweig, sah, daß
die Bischofskirche noch wehrhafter
als die Königsberger Burg, der Sitz
des Ordensmarschalls, würde, befahl
er 1333, die Pläne zu ändern und
eine Kirche zu errichten, die »schön
und geziemend und bar jeder krie-
gerischen Verwendbarkeit« sei.

1544 fielen die beiden Türme
der Westfassade einem Brand zum
Opfer. Der Südturm wurde erneuert,
der Nordturm erhielt ein Notdach,
und in dieser Gestalt präsentierte
sich der Dom bis zur Bombennacht
vom 26. zum 27. August 1944, als
der Dom bis auf die Außenmauern
ausbrannte. Erste Renovierungs-
arbeiten setzten 1987 ein, 1990 ge-
nehmigte der Stadtrat den Wiederaufbau des Doms. 1994 erhielt der
Turm sein markantes spitzkonkaves
Dach zurück. 1995 wurde eine
neue, elektronisch gesteuerte Turm-
uhr aus Deutschland eingebaut. Im

selben Jahr goß ein Kaliningrader Metallwerk die vier Glocken »Rußland« (1180 kg), »Alexander Newskij« (700 kg), »Peter der Große« (580 kg) und »Kneiphof« (200 kg), die eine Oktave höher schlägt als die Rußland-Glocke. Die beiden kleinen Glocken schwingen frei, die beiden großen werden durch Hämmer zum Tönen gebracht. Die Glocken schlagen zu jeder Viertelstunde, bei jeder vollen Stunde erklingt vor dem tiefen Stundenschlag der Rußland-Glocke die Anfangsmelodie aus Beethovens fünfter Sinfonie. Das Glockenmaterial stiftete übrigens die russische Zollverwaltung, die es bei Metalldieben beschlagnahmt hatte.

1997 soll der Dom endlich wieder ein Dach erhalten. Anläßlich besonderer christlicher Feste finden in der Haupthalle schon heute Gottesdienste der evangelischen und der orthodoxen Kirche statt. In die beiden Domtürme wird das **Kantmuseum** (→ Museen, S. 54), das sich heute in der Universität befindet, einziehen.

Ferner will man ein **Dommuseum** einrichten, wie es zum Teil schon heute im Eingangsbereich besteht, wo die orthodoxe Gemeinschaft auch eine Kapelle unterhält. Auch die berühmte **Wallenrodtsche Bibliothek** soll an ihrem angestammten Platz im südlichen Domturm wiedererstehen. Martin von Wallenrodt (1570–1632), Kanzler in Königsberg, begründete die nach ihm benannte Sammlung kostbarer und seltener Bücher und Handschriften. Sein Sohn Johann Ernst von Wallenrodt (1615–1697) vergrößerte die Bibliothek und stiftete sie dem Königsberger Kneiphof, der sie im Domturm unterbrachte. Ab 1673 stand die Sammlung der Öffentlichkeit zur Verfügung, seit 1945 ist sie verschollen. Dennoch tauchen hin und wieder Bücher und Handschriften aus dieser Sammlung auf, die die Universität Kaliningrad wieder zu der Ursprungsbibliothek zusammenzufügen versucht.

Die **Halle** des aus Ziegelsteinen im Stil der norddeutschen Back-

In der Turmstube des Doms ist ein Museum untergebracht

KÖNIGSBERG ERLEBEN

steingotik errichteten Doms mißt
45 x 27 m, der östlich anschließende
Chor nochmals 36,5 x 11 m, der
gesamte Bau erreicht einschließlich
Eingangsbereich eine Länge von
101 m. Mehrere Fenster sind zuge-
mauert, um die Standfestigkeit der
Ruine zu erhöhen.

Von der ursprünglich reichen
Ausstattung des Domes ist nur
noch wenig vorhanden, z. B. an der
Ostwand Teile des 11 m hohen und
12,25 m breiten Wandgrabmals für
Herzog Albrecht (†1568), dem letzten Hochmeister des Deutschen Ordens. Das Grabmal aus belgischem
Marmor und englischem Alabaster
gestaltete der flämische Bildhauer
Cornelis Floris (1514–1575) im Stil
der italienischen Hochrenaissance
(1572). Reste des Grabmals der
Markgräfin Elisabeth (†1578) sind an
der Nordwand des Doms zu finden.
An der Außenmauer der Nordwand
befindet sich das Grab von Immanuel Kant (→ S. 33).

Fort V

Im Jahre 1872 befahl die Reichs-
regierung den Ausbau einer modernen Verteidigungslinie rings um
Königsberg. Über die 20 Jahre zuvor
gebauten Festungswerke war die
Stadt schnell hinausgewachsen,
so daß jetzt 5 km vor den alten Befestigungen ein neuer, 43 km langer
Gürtel von zwölf Forts mit drei
Zwischenwerken entstand. 1912 kamen weitere Festungswerke hinzu.

Eine der stärksten Verteidigungs-
anlagen war das Fort V in der Nord-
westecke der Stadt an der Straße
nach Rauschen (Swetlogorsk) unmittelbar vor der Stadtgrenze. Dieses Fort hielt über längere Zeit den
massiven Angriffen der Sowjets im
Jahre 1945 stand und trug so wesentlich dazu bei, daß der Weg nach
Pillau für die vielen hunderttausend
Flüchtlinge aus dem nördlichen Ost-

preußen offenblieb. Ein breiter
Wassergraben mit gepflegten Grünanlagen umschließt das Fort stern-
förmig. Es ist heute eine Gedenkstätte für den Kampf um Königsberg.
Mehrere deutsche und sowjetische
Geschütze stehen vor einem sowjetischen Mahnmal. Das eigent-
liche Fort ist geschlossen. Heute
ist die Stätte ein beliebter Platz für
Angler und Sonnenanbeter.
Prospekt der Sowjets (Совятский
пр.; früher Stresemannstraße)

Friedländer Tor ■ E 6

Das Friedländer Tor (**Gorodskije
worota Fridlandskije**) bildete
als Teil der Königsberger Stadt-
befestigung im 19. Jh. den süd-
östlichen Eingang zur Stadt.
Hier begann und beginnt noch
heute die Straße nach Friedland
(heute Prawdinsk), wo Napoleon I.
am 14. Juni 1807 die verbündeten
Russen und Preußen schlug. Das
1862 erbaute Tor war 1944/1945
nur gering beschädigt worden, so
daß junge Russen hier schon bald
ein kleines Museum zur Stadtge-
schichte einrichteten. Sie hatten alte
deutsche Straßen-, Haus- und Ge-
schäftsschilder sowie Haushaltsge-
genstände aus den Trümmern ge-
buddelt und zu einer kleinen Sammlung zusammengestellt. Vom ursprünglichen Skulpturenschmuck
des Stadttores ist allerdings kaum
mehr etwas zu sehen. Da zeigt die
Außenseite eine Steinfigur des
Hochmeisters Siegfried von Feucht-
wangen, der im Jahre 1309 die Residenz des Deutschen Ordens von
Venedig zur Marienburg verlegte;
leider hat jemand dem Hochmeister
den Kopf abgeschossen. Die Skulptur des Großkomturs Friedrich von
Hohenzollern an der Innenseite des
Stadttores ist völlig verschwunden,
Friedrich hatte die verhängnisvolle
Schlacht bei Tannenberg im Jahre

TOP TEN
3

1410 miterlebt. Zu erreichen ist das Tor über den Kalininprospekt (**Кали-нина пр.**; früher Österreichische Straße)

Friedrichsburgtor ■ B 4

1657 ließ Friedrich Wilhelm, der Große Kurfürst, die imposante Friedrichsburg erbauen, um die Pregel-einfahrt und die gefährdete Südwestecke der Stadt zu schützen. Der Baumeister Professor Christian Otter konzipierte die Anlage als ein gewaltiges, sternförmiges Festungswerk, um das er einen Pregelarm herumleitete. 1796 verstärkte eine kleine, viertürige Zitadelle das Ensemble. In den 1920er Jahren wurden große Teile der Friedrichsburg eingeebnet, um Platz für einen Güter- und Rangier-bahnhof zu schaffen. Von der Zitadelle blieb allein der Eingangsbau, das heutige Friedrichsburgtor, erhalten, der 1997 ein Prussenmuseum (→ Museen, S. 55) aufnahm. ul. Portowaja (**ул. Портовая**; früher Friedrichsburgstraße)

TOPᴛᴇɴ **3**

Grolmanbastei ■ F 2

An der Litauer Wallstraße, deren Namen an eine Befestigung aus der Zeit des Deutschen Ordens erinnert, erreicht man die Grolmanbastei (Bastion Grolman), eine Wehranlage des 19. Jh. zwischen dem Königs- und dem Roßgärter Tor. Dem preußischen General Karl Wilhelm von Grolman (1777–1483), einem Mitarbeiter des Heeresreformers Scharnhorst, war neben Gneisenau der erfolgreiche Ausgang der Schlacht bei Waterloo gegen Napoleon I. am 18. Juni 1815 zu verdanken. ul. Litowskij wal (**ул. Литовский вал**)

Haus der Räte ■ D 3

Kaliningrads Wahrzeichen ist das Haus der Räte (**Dom Sowjetow**), eine riesige Bauruine neben dem einstigen Schloß. Über dem zuge-schütteten Graben der Ordensburg stand von 1928 bis 1944 das neu-klassizistische Gebäude der Reichs-bank. Die russischen Architekten

Eines der mittelalterlichen Stadttore: das Friedländer Tor

Das rege Treiben auf den einst
berühmten Steindamm hat auf dem
heutigen Leninprospekt
einem anderen Lebensstil Platz
machen müssen

meinten, daß man dort, wo die schwere Bank stand, auch das Dom Sowjetow hinstellen könnte. Seit 1967 wuchs der Bau himmelwärts. Doch die Füllung des mittelalterlichen Burggrabens war offenbar nicht fest genug, um das Gewicht des Riesenbaus zu tragen. Das neue Rathaus war nahezu fertiggestellt, als es sich leicht senkte und einige Wände rissen, woraufhin die Arbeiten eingestellt wurden. Statiker aus aller Welt prüften zwar den Bau, doch bis heute wurde noch nicht weitergebaut.

E.T.A.-Hoffmann-Gedenkstein ■ D 3

An der Ostseite des Schloßteiches liegt nahe der Weltzeituhr ein stattlicher Findling, der an das Königsberger Universalgenie Ernst Theodor Wilhelm (Amadeus) Hoffmann (1776–1822) erinnert. Weil er Mozart verehrte, tauschte er seinen Vornamen Wilhelm in Amadeus um. Als Musikdirektor, Komponist, Regisseur, Bühnenmaler, Karikaturist, Dirigent und Dichter wurde der bedeutendste Erzähler der deutschen Romantik weltweit berühmt. Und doch blieb der Jurist bei seinem studierten Beruf und avancierte zum Richter am Berliner Kammergericht.

Israelisches Waisenhaus ■ D 4

Alle Stürme der Zeit, Kristallnacht und Krieg, überstand das Israelische Waisenhaus. Gegründet wurde das Haus im Jahr 1861, 1905 entstand ein Erweiterungsbau neben der Neuen Synagoge (1896). Die Neue Synagoge wurde 1938 von den Nazis niedergebrannt, das Waisenhaus blieb unversehrt. Schon 1682 hatte der Große Kurfürst den Königsberger Juden ein Gebäude für ihre Gottesdienste überlassen (Eulenburgsches Haus). 1753 erlaubte ihnen Friedrich der Große, eine Synagoge zu bauen, die 1756 am Schnürlingdamm emporwuchs, aber bei dem großen Brand von 1811 eingeäschert wurde; bis 1815 entstand in der Synagogenstraße (später Seilerstraße) ein Neubau.
ul. Oktjabrskaja (ул. Октябрьская; früher Lindenstraße)

Juditter Pfarrkirche

Im Königsberger Vorort Juditten (Mendelejewo), etwa 5 km westlich vom Stadtzentrum, steht eine der ältesten Kirchen Ostpreußens, die frühere Juditter Pfarrkirche und heutige russisch-orthodoxe **Kathedrale des hl. Nikolaus (Swjato Nikolskij Sobor)**. Die Kirche geht auf eine Stiftung der Adelsfamilie

TOP TIP 2

Romantische Träume in Stein verewigt: dieser Findling erinnert an E.T.A. Hoffmann

Judetus zurück, die hier im 13. Jh. gleich nach der Eroberung des Samlandes durch den Deutschen Orden ein Gut als Lehen bewirtschaftete (Gut Juditten). Die kleine, anfangs turmlose, aus unbearbeiteten Feldsteinen gefügte Kirche war schon nach wenigen Jahren bis zur Reformation eine bekannte Wallfahrtsstätte. Als der Deutsche Orden um das Jahr 1454 eine außergewöhnliche Ikone, die wunderwirkende »Muttergottes auf dem Halbmond«, stiftete, wurde Juditten ein »preußisches Jerusalem«. Im ausgehenden 14. Jh. setzte man einen Glockenturm separat vor die Westfassade, mit Feld- und Backsteinunterbau und Fachwerkoberbau. Im Zweiten Weltkrieg blieb die Pfarrkirche völlig unbeschädigt. Noch 1946 kamen hier die letzten Königsberger zum Gottesdienst zusammen. Die Juditter Pfarrkirche war im Königsberger Gebiet die erste Kirche, in der nach Kriegsende wieder Gottesdienste stattfinden durften. Die »Muttergottes auf dem Halbmond« blieb verschollen, das herrliche Deckengewölbe wich einer schlichten Tonnenkonstruktion, vor dem Altarraum steht eine schöne, in gotischer Tradition gestaltete Ikonenwand. 1985 übernahm die russisch-orthodoxe Gemeinschaft den Sakralbau.

Kalinindenkmal ■ C 6

Vor dem Haupt- bzw. Südbahnhof (Yuschnij woksal) ragt das monumentale Standbild des sowjetischen Politikers Michail Iwanowitsch Kalinin (1875–1946) unübersehbar gen Himmel. Der enge Mitarbeiter und Vertraute Lenins und Stalins war 1919 bis 1946 nominelles Staatsoberhaupt der Sowjetunion und ab 1926 Mitglied des Politbüros der KPdSU. Obwohl nach der Wende in fast allen Städten Rußlands die Erinnerung an die kommunistischen

Führer ausgelöscht wurde, hielt man am Pregel zum Namensgeber der Stadt und des Gebietes. Das Denkmal entwarf 1959 der russische Bildhauer B.W. Edunow.

Kantdenkmal ■ D 3

Vor dem Gebäude der Neuen Universität blickt Immanuel Kant (1724–1804) auf die Studenten und Studentinnen, die zu ihren Vorlesungen eilen. Christian Daniel Rauch (1777–1857), Bildhauer des deutschen Klassizismus, schuf das Standbild im Jahre 1857. 1864 wurde das Denkmal in der Nähe von Kants Wohnhaus nördlich vom Schloß feierlich enthüllt, kam aber schon 1885 auf den Paradeplatz, wo es bescheiden hinter dem monumentalen Standbild des Landesherrn Friedrich Wilhelm III. seinen Platz fand. 1945 verschwand die Bronzestatue Kants, auf den leeren Sockel stellte man 1966 den deutschen Kommunisten Ernst Thälmann (1886–1944). 1992 stiftete die aus Ostpreußen stammende Publizistin Marion Gräfin Dönhoff eine Bronzekopie der Rauchschen Kantskulptur, hergestellt von dem Berliner Bildhauer Harald Haacke. Nun steht inmitten einer gepflegten Grünanlage der große deutsche Philosoph, geboren und gestorben in Königsberg, den die russischen Studenten als Landsmann verehren und dessen Namen sie am liebsten ihrem Kaliningrad geben möchten. Universitetskaja (Университетская; früher Paradeplatz)

Kantgrab ■ D 4

An der nördlichen Außenmauer des Domes beschirmt ein offener Pfeilerbau den Steinsarkophag Immanuel Kants. Auf dem Grab liegen immer frische Blumen, und Brautpaare lassen sich hier nach der Trauung photographieren.

KÖNIGSBERG ERLEBEN

Seit ihrer Gründung im Jahre 1544 befand sich die Königsberger Universität neben dem Dom. Die Professoren genossen das Privileg, am Dom, also in unmittelbarer Nähe ihrer Wirkungsstätte, bestattet zu werden. 1804 fand Immanuel Kant hier seine letzte Ruhestätte. Die kleine Kapelle, die anfangs sein Grab hütete, mußte schon 1810 durch einen Neubau ersetzt werden. Den heutigen schlichten Pfeilerbau errichtete der Architekt Friedrich Lahr im Jahre 1924 anläßlich von Kants 200. Geburtstag. 1953/1954 und 1996 wurden Grabmal und Sarkophag restauriert.

Kaserne Kronprinz ■ F 2

Der Grolmanbastei gegenüber lugt auf dem Gelände des Herzogsackers die »Defensionskaserne Kronprinz« durch das Laub prächtiger alter Bäume. Die Kaserne, die noch heute als Truppenunterkunft dient, wurde 1843 erbaut.
Litauer Wallstraße (ul. Litowskij wal, ул. Литовский вал)

Kathedrale ■ C 1

1995 beschloß die orthodoxe Kirche Rußlands, in Kaliningrad eine Kathedrale zu bauen, eine bischöfliche Hauptkirche für die gesamte Oblast. Als Bauplatz bestimmte sie im Einvernehmen mit dem Stadtrat die Grünanlage hinter dem Lenindenkmal am Platz des Sieges.

Am 23. Juni 1996 erfolgte die Grundsteinlegung, bei der der russische Präsident Boris Jelzin und der Metropolit von Smolensk und Kaliningrad Kirill gemeinsam eine Kapsel mit Moskauer Erde in den Grundstein einmauerten. Die Kathedrale wird im traditionellen russischen Kirchenbaustil, jedoch mit modernen Stilelementen bereichert, errichtet. Die Hauptkuppel des Fünfkuppelbaus wird einen Durchmesser von 10 m haben, die Türme werden 60 m hoch aufragen. Die Haupthalle der Kathedrale soll 3000 Gläubige fassen, daneben sind innerhalb des Bauwerkes eine kleinere Kirche für 500 Gläubige, eine Taufkapelle, ein Vortragssaal für 200 Personen,

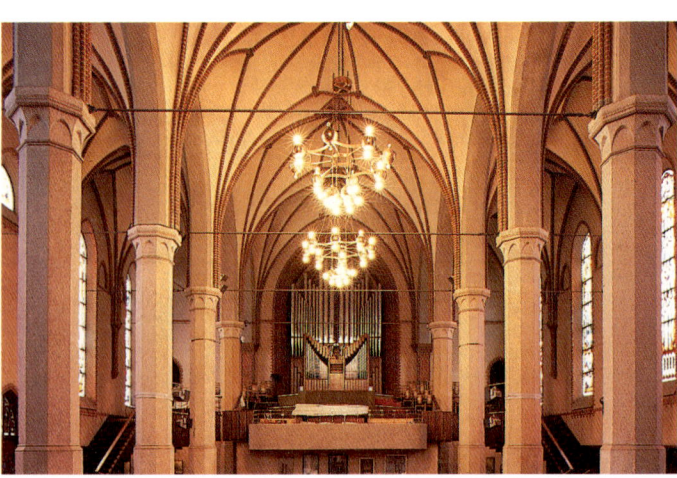

Die Kirche zur Heiligen Familie ist heute ein Konzertsaal

Ausstellungssäle, eine Sonntagsschule, Restaurants, Verwaltungsdienststellen, auch eine Tiefgarage für 500 Fahrzeuge vorgesehen. Der Haupteingang der Kathedrale wird zugleich als Bühne bzw. Orchesterpodium dienen. 18 Glocken werden handbewegt zu althergebrachtem Glockenspiel erklingen. Ein schlichtes Holzkreuz und ein Findling markieren den Standort der künftigen »Christi-Erlöser-Kathedrale«, der zweitgrößten Kirche Rußlands (nach der Moskauer Epiphanias-Patriarchal-Kathedrale).
Platz des Sieges (Pobedy ploschtschad, **Победы пл.**; früher Hansaplatz)

Kirche zur Heiligen Familie ■ D 5
Auf dem Haberberg, einem 1327 erstmals erwähnten Dorf, das 1522 zum Kneiphof kam, baute der Architekt Friedrich Heitmann 1904 bis 1907 die katholische Kirche Zur Heiligen Familie. Sie blieb 1944/45 von den Kriegseinwirkungen verschont und diente als deutsches, später als russisches Lazarett. 1980 wurde die neogotische Kirche wundervoll restauriert und zur **Orgelhalle der Kaliningrader Philharmonie** (Organnij sal) umgebaut. Die deutsch-böhmische Firma Rieger-Kross baute eine neue Orgel mit 44 Registern und 3600 Pfeifen. Aus der Krypta wurde ein empfehlenswertes Café/Restaurant (→ Essen und Trinken, S. 61).
ul. Bogdana Chmelnizkogo (**ул. Богдана Хмельницкого**; früher Oberhaberberg)

Kneiphofinsel ■ C 4/D 4
Mittelpunkt des alten Königsberg war die Kneiphofinsel, die 1324 schon stark bebaut war und 1327 vom Deutschen Orden zur selbständigen Stadt erhoben wurde. In einer Urkunde aus jener Zeit wird die jüngste der drei Königsberger Städte »Knipab« genannt, was »abgekniffen« oder »von den Pregelarmen abgetrennt« bedeuten könnte. Diese Pregelinsel füllte sich über die Jahrhunderte zunehmend mit Handelskontoren und Kaufmanns-

Wo einst gehandelt wurde, ist heute ein Skulpturenpark: Kneiphofinsel

KÖNIGSBERG ERLEBEN

Das Königstor stammt aus dem
19. Jahrhundert

ten sie in eine Grünanlage mit
Skulpturenpark. Die Ruine des
Doms, des letzten Wahrzeichens
der alten Ordensstadt, blieb stehen.
Anstelle der vier mittelalterlichen
Brücken wurde 1972 eine 546 m
lange und 27 m breite Hochbrücke
über den beiden Pregelarmen und
der Insel errichtet.
Zugang zur Insel: über die Hoch-
brücke (Estakadnij most) oder die
Honigbrücke (Med most)

Königstor   ■ F 2/F 3

An der Kreuzung der Frunsestraße
mit dem Litauer Wall steht das
imposante Königstor (**Gorodskije
worota Koroljewskije**) aus der
Mitte des 19. Jh. Die Westfassade des neogotischen Stadttto-
res schmücken drei Sandsteinfigu-
ren, denen nach Kriegsende leider
die Köpfe abgeschossen wurden.
Links steht Ottokar II., König von
Böhmen (1253–1278), in der Rü-
stung eines Deutschordensritters;
ihm zu Ehren erhielt die Prussenstadt
Tuwangste den Namen »Königsberg«. Die Mitte beherrscht Friedrich I., der erste preußische König
(1701–1713). Rechts steht Herzog
Albrecht von Brandenburg (1511/
1525–1568), der letzte Hochmeister
des Deutschen Ordens. Unter den
Figuren sind die Wappen der drei
Herrscher zu erkennen, darüber die
beiden Wappen des Samlandes und
Natangens. Die Skulpturen gestaltete der Bildhauer Wilhelm Ludwig
Stürmer (1812–1864).
Frunsestraße (**ул. Фрунзе**; früher
Königstraße)

häusern, Handwerksbetrieben und
Speichern, nur das östliche Drittel
blieb dem stillen Domviertel vorbehalten. Fünf Brücken verbanden im
Laufe der Zeit die Insel mit den anderen Stadtteilen, im Norden die
Krämer- und die Schmiedebrücke,
im Süden die Grüne und die Köttel-
brücke, im Osten die Honigbrücke;
im Westen überquerte eine Fähre
das Hundegatt. Der Kneiphof muß
– wie man auf alten Stichen sieht –
eine sehr schöne Stadt gewesen
sein. Nicht umsonst hat es einmal
geheißen: »Der Altstadt die Macht,
dem Kneiphof die Pracht«. In der
Nacht zum 30. August 1944 ging der
Kneiphof mit seinen bunten Fach-
werkhäusern im Feuersturm alliier-
ter Bombergeschwader unter. Nur
die Ruine des Doms ragte noch aus
den rauchenden Trümmern. Von
den fünf Brücken waren vier zerstört.
   Die neuen Bewohner Königsbergs
planierten die Insel und verwandel-

Kosmonautendenkmal   ■ A 1/B 1

Unweit des Tiergartens strebt das
Kosmonautendenkmal in kühner
Schleife himmelwärts. Es erinnert
an die Weltraumfahrten von drei
Kaliningrader Bürgern: Aleksej Leo-
now bewegte sich 1965 als erster

TOP
TE
3

Drei Kaliningrader gehören zum internationalen Club der Weltraumfahrer

Mensch frei im Weltraum, Viktor Patsajew verglühte 1971 bei der Rückkehr seines Raumschiffes »Sojus XI«, und Jurij Romanenko absolvierte 1977/78 einen 96tägigen Weltraumflug.
Miraprospekt/Ecke Sergeant-Koloskow-Straße (ul. Serschanta Koloskowa, **ул. Сержанта Колоскова**; früher Hornstraße)

Kreuzkirche ■ E 4

Auf der Lomse, der großen Pregelinsel östlich vom Kneiphof, entstand 1933 die Kreuzkirche mit einem mächtigen Mosaikkreuz zwischen dem Turmpaar der Westfassade. In der zweigeschossigen Kirche werden heute russisch-orthodoxe Gottesdienste abgehalten.

Das prussische Wort »Lomse« bedeutet »Morast«, »Bruchland«. Es war nicht einfach, diese Insel zu erschließen. Als erste bauten Altstädter 1404 eine Holzbrücke (Neubau 1904) über den Neuen Pregel und schütteten 1466 einen Damm auf, den sie mit Speicherbauten krönten. 1520 verbanden sie die Lomse durch die Hohe Brücke (Neubauten 1882 und 1938) mit den Straßen nach Süden, nach Natangen. 1542 bauten die Kneiphöfer die Honigbrücke (Neubau 1882).

Kulturpark »Kalinin« (Luisenwahl) ■ A 1/A 2

Bei der Luisenkirche betritt man den Kulturpark »Kalinin« (Park kultury Kalinina), einen Vergnügungspark mit Karussells, Schießbuden und einem Riesenrad. 1796 kaufte der Königsberger Schulrat C.G.W. Busolt den Park nebst Gutshaus und nannte ihn nach seiner Frau »Luisenwahl«. 1808 und 1809 verlebten hier der preußische König Friedrich Wilhelm III. und seine Gemahlin Luise die Sommerferien. Die halbrunde **Balustrade** etwa 100 m östlich der

Das Jagdhaus Kaiser Wilhelm II. steht heute im Kulturpark »Kalinin«

Kirche markiert den Lieblingsplatz der Königin. 1874 errichtete die Stadt Königsberg die Balustrade und krönte die Anlage mit einer Marmorbüste der Königin von Christian Daniel Rauch; die Büste gilt seit dem Kriegsende als verschollen.

Ein bemerkenswertes Gebäude im Kulturpark ist das **Rominter Jagdhaus**, das sich Kaiser Wilhelm II. 1891 in der Rominter Heide von norwegischen Zimmerleuten im skandinavischen Stil hatte erbauen lassen. Im letzten Krieg kam das kaiserliche Jagdhaus nach Königsberg. Heute hat hier die Verwaltung des Kulturparks ihren Sitz.

Eine alte Villa neben der Luisenkirche dient heute u. a. als Künstlerhaus (**Dom chudoschnik**). Vor dem Eingang entdeckt man die Marmorskulptur »Nach dem Bade« (1907), ein Werk des Bildhauers Stanislaus Cauer (1867–1943), von dem auch das Schillerdenkmal stammt.

Kutusowdenkmal

Am südwestlichen Ende der Kutusowstraße, die in dem schönen Villenviertel Amalienau den Miraprospekt mit dem Pobedyprospekt verbindet, steht seit Ende 1995 das
eindrucksvolle Denkmal für den russischen Feldmarschall Michail Ilario-
nowitsch Kutusow (1745–1813),
den Oberbefehlshaber in der
Schlacht bei Borodino (1812) und
»Retter Rußlands«. Das Bronze-
standbild schuf der St. Petersburger
Bildhauer Ilja Petrowitsch Aniku-
schin. 1812 verlieh der Preußenkönig Friedrich Wilhelm III. dem russischen Marschall den Schwarzen
Adlerorden und schenkte ihm zur
Belohnung für die Befreiung Ostpreußens ein mit Brillanten verzier-
tes Etui mit seinem Bild.
Kutusowstraße (ул. Кутузова;
früher Körteallee)

Lenindenkmal ■ C 1

Rechts neben dem Nordbahnhof
blickt am Platz des Sieges, auf dem
Gelände der früheren Deutschen
Ostmesse, der große russische
Revolutionär und Staatsmann Wladi-
mir Iljitsch Lenin (1870–1924) von
einem überhohen Sockel streng auf
sein Volk. Während in Moskau und
anderswo die Leninbildnisse fielen,
legte und legt man noch heute in
Kaliningrad vor seinem Denkmal
Blumen nieder. »Sein Arm weist
nach Westen«, sagen viele junge
Russen augenzwinkernd, »und diesen Weg beschreiten wir«. Die monumentale Bronze gestaltete Walen-
tin Topuritse 1958. In Kaliningrads
Stadtparlament streitet man seit
Jahren darüber, was mit dem Denkmal geschehen soll. Immerhin
wächst hinter Lenin die neue, riesige Erlöserkathedrale zu monumen-
taler Größe.
Platz des Sieges (Победы пл.;
früher Hansaplatz)

Luisenkirche ■ A 1/A 2

Inmitten des grünen Hufenviertels
steht die Luisenkirche, genauer: die
Königin-Luise-Gedächtniskirche.
Wohlhabende Königsberger wie
der Kommerzienrat Louis Großkopf
stifteten Baugrund und Baukosten.
Die Planungen für das schlichte und
dennoch reizvolle neoromanische
Gotteshaus oblagen dem Architekten Fritz Heitmann (1853–1921), der
schon mehrere Kirchen und Kran-
kenhäuser gebaut und die Villenko-
lonie Amalienau geplant hatte. 1901
fand in Gegenwart des Kaiserpaares
Wilhelm II. und Auguste Viktoria
die Weihe statt. Seit 1975 fungiert
die »Zerkow Luisy« im Kulturpark
»Kalinin« (→ Sehenswertes S. 38)
als Puppentheater internationalen
Ranges (→ Mit Kindern unterwegs,
S. 70).
ul. Parkowaja (ул. Парковая; früher
Louis-Ferdinand-Straße)

Marinedenkmal ■ D 4

Ein echtes sowjetisches Sturmboot
scheint nahe der Holzbrücke zur
Lomse auf ein feindliches Ziel zu
rasen. Das Boot ist Mittelpunkt
eines Ehrenmals für die im Kampf
um Königsberg gefallenen sowjetischen Marinesoldaten. Hier stand
vor dem Krieg das Löbenichtsche
Realgymnasium.
Moskauer Prospekt (Moskowskij
prospekt, Московский пр.; früher
Münchenhofplatz)

Memorial der
1200 Gardisten ■ B 3

Das erste monumentale Gefallenen-
denkmal der Sowjetunion wurde
am 30. September 1945 eingeweiht.
Aus einem Sowjetstern in der Mitte
der Gedenkstätte ragt ein mächtiger
Obelisk auf. Davor brennt ein Ewi-
ges Feuer. Stilisierte steinerne Grab-
hügel tragen die Namen von 1200
im Kampf um Königsberg gefallenen

KÖNIGSBERG ERLEBEN

Rotgardisten der 11. Gardearmee. Die beiden Enden eines die ganze Stätte umfassenden Halbkreises markieren die Skulpturengruppen »Sturm« und »Sieg«, gestaltet von den russischen Bildhauern B. Pundsüß und J. Mikenas. Mikenas erhielt für seine Darstellung des »Sieges« den Staatspreis der UdSSR. Den Wagen stellt man am besten auf dem Parkplatz vor der Sternwartebastei ab, da der Prospekt der Garde hier für den Autoverkehr gesperrt ist.

Prospekt der Garde (Gwardejskij prospekt, **Гвардейский пр.**; früher Deutschordenring)

Agnes-Miegel-Haus ■ A 2/B 2

Eine Gedenktafel am Wohnhaus von Agnes Miegel (1879–1964) erinnert an die deutsche Balladendichterin (»Die Frauen von Nidden«). Die »Mutter Ostpreußens«, wie man sie nannte, wurde als Tochter eines Kaufmanns im Kneiphof geboren. Freiherr Börries von Münchhausen veröffentlichte 1901 ihre ersten

Gedichte und Balladen im »Göttinger Musenalmanach«. Als Journalistin und Schriftstellerin widmete sie sich der Kultur und Geschichte ihrer ostpreußischen Heimat. 1916 erhielt sie den Kleist-Preis, 1924 verlieh ihr die Königsberger Albertina die Ehrendoktorwürde. 1936 wurde sie mit dem Herder-Preis ausgezeichnet. 1945 mußte sie ihre Heimat verlassen, über Dänemark kam sie nach Bad Nenndorf.

ul. Serschanta Koloskowa 7 (**ул. Сержанта Колоскова**; früher Hornstraße)

Mutter-Rußland-Monument ■ C 2

Wenige Schritte vom Platz des Sieges entfernt, ragt aus einer gepflegten Grünanlage am Rande des Leninprospektes die Riesengestalt der Mutter Rußland, das von allen Russen geliebte »Matuschka Rossija« (Mütterchen Rußland), empor. Der Moskauer Bildhauer B.W. Edunow schuf diese Skulptur im Jahre 1974. Vorher stand auf dem Sockel eine Stalinfigur.

Vom Nordbahnhof starten die Züge zu den Badeorten an der Ostsee

Nordbahnhof ■ C 1

1930 baute der Architekt Martin Stallmann das wuchtige Bahnhofsgebäude am Hansaplatz (heute Platz des Sieges). Es diente als Gemeinschaftsbahnhof für die Reichsbahnstrecken nach Labiau und Tilsit sowie für die privaten Strecken der Cranzer und der Samland-Bahn. Im Mittelbau befanden sich die Fahrkartenschalter und die Gepäckabfertigung, das Städtische Verkehrsamt und zahlreiche Läden. Der Ostflügel enthielt die Räume der Ostdeutschen Eisenbahn-Gesellschaft und ein Postamt, im Westflügel residierten ein Hotel und ein Restaurant.

In den Nachkriegsjahren diente der Nordbahnhof (**Sewernij woksal**) als Seemannsheim (**Meschreisowyi dom morjakow**). Zur Zeit wird das unter Denkmalschutz stehende Gebäude erneuert. Nach und nach werden hier verschiedene Institutionen und Firmen einziehen, wie eine Bank, ein Restaurant, ein Kaufhaus, eine Vertretung der Handelskammer Hamburg usw.

Den Bahnhof findet man hinter dem Gebäude, versteckt in einem Gewirr von Kiosken und Verkaufsständen. Man muß nur den Menschenscharen folgen, die dem Bahnsteig unten zustreben, um den Zug nach Swetlogorsk (Rauschen) oder Selenogradsk (Cranz) zu erreichen. Vor dem Krieg fuhren hier jährlich 1,2 Mio. Menschen in die Seebäder und anderen Samlandorte, heute sind es mehr als doppelt so viele.

Platz des Sieges (Pobedy ploschtschad, **Победы пл.**; früher Hansaplatz)

Oberpostdirektion ■ B 1

Das große Gebäude wurde 1918 als Sitz der Oberpostdirektion Königsberg erbaut. In den letzten Kriegsmonaten dienten die gutgesicherten Kellerräume als Befehlszentrale des Festungskommandanten General Otto Lasch. Beim Näherrücken der Front zog die Zentrale in den riesigen Bunker unter dem Universitätsplatz um. Heute hat das Oberkommando der russischen Ostseeflotte in dem ehemaligen Postgebäude seinen Sitz.

Brahmsstraße/Ecke Miraprospekt (ul. Bramsa, **ул. Брамса**)

Oberteich ■ D 1/E 1

Schöne Kaskaden mit Springbrunnen und Jugendstilmosaiken bilden den repräsentativen oberen Abschluß des Schloßteiches. Leider sind die Kaskaden außer Betrieb und die Baulichkeiten etwas verschmutzt. Das Wasser fließt heute durch Rohre aus dem Oberteich unter dem Marschall-Wassilewskij-Platz hindurch in den Schloßteich. Den über 41 ha großen Oberteich (**Werchnij prud**) legten die Ritter des Deutschen Ordens 1270 als Fischteich an. Ländliche Grünanlagen erstrecken sich um den See, am Ufer genießen die Kaliningrader im Sommer die Sonne, und ein Strandbad lädt zum Schwimmen ein. An der Südwestecke des Platzes steht der Wrangelturm.

Orgelhalle der Philharmonie ■ D 5
→ Kirche zur Heiligen Familie, S. 35

Polizeipräsidium ■ C 1

Westlich vom Nordbahnhof fällt ein frisch restauriertes rot-weißes Gebäude im Stil der Jahrhundertwende auf: das 1912 bis 1914 erbaute Polizeipräsidium. Seit 1945 residiert hier eine Abteilung des Staatssicherheitsdienstes, bis 1991 der KGB, danach der FSK (Bundesagentur für Gegenspionage).

Räteprospekt (Sowjetskij prospekt, **Советский пр.**; früher Stresemannstraße)

KÖNIGSBERG ERLEBEN

Rathaus ■ C 1/C 2

Gegenüber vom Nordbahnhof steht das aus allen Nähten platzende Rathaus. Schon 1967 sollte beim früheren Schloß mit dem Haus der Räte ein repräsentativer Neubau entstehen, aber der ist inzwischen eine Ruine. 1923 hatte der Architekt Hanns Hopp das große Gebäude als Handelshof erbaut. 1927 übernahm es der Königsberger Magistrat als Stadthaus für einen Teil der Verwaltungsdienststellen.
Platz des Sieges (Pobedy ploschtschad, Победы пл.; früher Hansaplatz)

Rosenauer Kirche

Der Vorort Rosenau im Süden von Königsberg wurde 1908 eingemeindet. 1926 erhielt die grüne Vorstadt eine evangelische Kirche. Sie blieb im Zweiten Weltkrieg unbeschädigt und wird heute von der russisch-orthodoxen Gemeinschaft genutzt. Interessant ist ein Besuch dieser Kirche wegen ihrer zum Teil sehr alten und kostbaren Ikonen. Hier steht ein Modell der im Bau befindlichen Kaliningrader Kathedrale. Wie Amalienau blieb auch der Vorort Rosenau fast vollständig erhalten.

Roßgärter Tor ■ E 1

An den Dohnaturm mit dem Bernsteinmuseum schließt sich das Roßgärter Tor (Gorodskije worota Rosgarten) an. Es gehört zu den sechs erhaltenen Königsberger Stadttoren. Um die Mitte des 19. Jh. wurde es im Stil der romantisierenden Gotik aus Backstein errichtet. Die Cranzer Allee, die einst das Tor passierte, führte in den schon um das Jahr 1300 erwähnten Roß- und Rindergarten (anfangs Weideland, dann ein Dorf, schließlich ein Vorort) und später als Poststraße über die Kurische Nehrung nach Memel. Heute führt diese

Straße unter dem Namen Alexander-Newskij-Straße (ул. Александра Невского) am Tor vorbei. Das Roßgärter Tor schmücken Medaillonporträts der preußischen Generale Gerhard von Scharnhorst (1755–1813) und Neidhardt von Gneisenau (1760–1831).

Rupp-Gedenkstein ■ D 4

Vor der Südostecke des Doms erinnert ein Gedenkstein an Julius Rupp (1809–1884), den protestantischen Theologen und Mitbegründer der Freien Gemeinden. Das Bronzerelief am Findling schuf im Jahre 1900 Rupps Enkelin Käthe Kollwitz (1867–1945), die bedeutende Königsberger Graphikerin und Plastikerin. Das Originalrelief wurde 1945 stark beschädigt und durch eine Kopie des Bildhauers Harald Haacke ersetzt.

Sackheimer Tor ■ F 3

Das Sackheimer Tor (Gorodskije worota Sakchajmskije) ist eines der sechs noch erhaltenen Königsberger Stadttore, das um 1850 aus Backstein errichtet wurde und aussieht wie eine mittelalterliche Feste. Geschmückt ist es mit den Reliefs von zwei preußischen Generalen: Hans David Ludwig Graf York von Wartenburg (1759–1830), der 1812 eigenmächtig mit dem russischen General Johann K. F. A. Diebitsch-Sabalkanskij die berühmte »Konvention von Tauroggen« schloß, und Friedrich Wilhelm Graf Bülow von Dennewitz (1755–1816), der entscheidend an der Völkerschlacht von Leipzig (16.–19. Oktober 1813) und am Sieg von Waterloo (18. Juni 1815), der letzten Schlacht der Freiheitskriege, beteiligt war.
Moskauer Prospekt (Московский пр.)

TopTen 3

TopTen 3

Schauspielhaus ■ B 1

1911/12 hatte der Architekt Otto Walter Kuckuck das Königsberger Neue Schauspielhaus erbaut. Am 23. September 1912 wurde es als »Luisentheater« eröffnet, 1923 in eine »Komische Oper« umgewandelt und im Jahr darauf von der Stadt erworben, die es bis 1927 mit erweitertem Zuschauerraum im Bauhausstil verändern ließ und als »Neues Schauspielhaus« in Betrieb nahm. Über dem Eingang stand Schillers Wort: »Ewig jung ist nur die Phantasie«. Hier brillierten die großen Schauspieler Paul Wegener und Heinrich George. Nach fast vollständiger Zerstörung 1944/1945 erfolgte 1960 ein Wiederaufbau nach den alten Plänen, aber mit einem repräsentativen Säulenvorbau in der Art des Moskauer Bolschoj-Theaters. Nun nannte man es Dramentheater (Dramatitscheskij teatr). Theaterstraße (ul. Teatralnaja, ул. Театральная; früher Kniprodestraße), Ecke Friedensprospekt (Мира пр.; früher Hufenallee)

Schillerdenkmal ■ B 1/B 2

Am Rande einer Brunnenanlage gegenüber dem Neuen Schauspielhaus steht das Denkmal des großen deutschen Dichters Friedrich von Schiller. Das Werk des Königsberger Bildhauers Stanislaus Cauer (1867–1943) war 1910 enthüllt worden und hat die Kämpfe um Königsberg relativ gut überstanden, vielleicht weil irgendjemand in russischer Sprache und Schrift auf den weißen Sockel geschrieben hatte: »Nicht schießen, das ist einer von uns!« Bis 1936 befand es sich beim Stadttheater am Paradeplatz.

Schloß ■ D 3

Nachdem der Deutsche Orden im Jahre 1255 das prussische Samland bezwungen und auch die Burg Tuwangste am Pregel in seine Hand bekommen hatte, begann er wenige Meter westlich der Prussenburg, die Ordensburg »Königsberg« zu bauen. Ihr Name sollte an König Ottokar II. von Böhmen erinnern.

Das im Krieg zerstörte Schauspielhaus wurde nach alten Plänen wiederaufgebaut

KÖNIGSBERG ERLEBEN

Schon zwei Jahre später wurde aus der provisorischen Palisadenfeste eine ausgedehnte steinerne Burganlage.

Im Jahre 1310 machte der Marschall des Deutschen Ordens die Burg zu seiner Residenz. Nach Aufgabe der Marienburg im Jahre 1457 nahm auch der Hochmeister des Ordens seinen Sitz in der Burg Königsberg. Ab 1525 residierten hier die Herzöge von Preußen und auch die brandenburgisch-preußischen Könige. Aus der mittelalterlichen Burg war im 16. Jh. ein Renaissanceschloß geworden, das der Baumeister Friedrich Nußdörfer wesentlich mitgestaltete.

1701 hatte sich der Kurfürst Friedrich III. im Königsberger Schloß zum König gekrönt. Bis 1918 war es zweite Residenz der preußischen Monarchen, dann diente es als Verwaltungsstelle. Ab 1924 veranschaulichte im Schloß ein »Preußisches Museum« die Geschichte von den Prussen bis zu den Preußen. 1942 gelangte das berühmte Bernsteinzimmer, einst ein Geschenk des Soldatenkönigs Friedrich Wilhelm I. an Zar Peter den Großen (1716), in das sichere Schloß. Doch seit dem Bombenangriffen vom August 1944, denen das Königsberger Schloß zum Opfer fiel, ist das Bernsteinzimmer verschwunden. 1955 sprengten die Sowjets die Schloßruine und beseitigten damit – wie der sowjetische Regierungschef Nikolaj Aleksandrowitsch Bulganin gesagt haben soll – ein »Symbol des Preußentums, des Faschismus und des Revanchismus«.

Heute erinnern nur noch ein paar Blumenbeete, die verbogenen Düsen einer Brunnenanlage und kahle Betonplatten an die Keimzelle der Stadt Königsberg.

Schloßteich ■ D 3/E 1
Da das Schloß nicht mehr existiert, nennen die Kaliningrader das bezaubernde Gewässer inmitten der Stadt im Gegensatz zum Oberteich schlicht und einfach **Unterteich (Nischnij prud)**. Die Ordensritter hatten die Katzbach angestaut, um Mühlen zu betreiben. Mit der Umwandlung der Königsberger Ordensburg im Jahre 1525 in eine Herzogspfalz avancierte der Mühlenteich zum Schloßteich, den ab 1604 auf Befehl des Herzogs Albrecht Friedrich ein Schwanenpaar zu bevölkern hatte. Als die Königsberger im 18. Jh. die Schönheit des Teiches entdeckten, erwarben Adel und Kaufleute die Ufergrundstücke und bauten sich prächtige Villen. An der Wende zum 19. Jh. traten Restaurants und Vergnügungsstätten an die Stelle der Villen, der Schloßteich wurde zum Mittelpunkt des städtischen Lebens. Ab 1906 entstand die Uferpromenade. Zahlreiche Gondeln, die abends mit Lampions beleuchtet wurden, belebten nun den Teich. Im Winter drängten sich die Schlittschuhläufer auf dem Eis; und im Börsengarten spielte ein Militärorchester Weisen von Paul Lincke und Franz von Suppè. Auch heute gleiten bunte Boote über das Wasser, und heißer Jazz dröhnt aus dem Kiosk, während Schwäne auf dem Teich ihre Kreise ziehen.

Auch die **Schloßteich-Brücke**, von deren Geländer die Jungen im Sommer ins Wasser springen, hat ihre Geschichte. Schon 1753 gab es einen schmalen Steg, der mehrmals verbreitert wurde. Im August 1944 brannte die Holzbrücke ab, nur die Betonstümpfe ragten aus dem Wasser, bis 1981 eine neue Brücke, die **Universitätsbrücke**, entstand.

Das Schillerdenkmal erinnert an das Königsberg der Dichter und Denker

KÖNIGSBERG ERLEBEN

Speicher

Königsberg war eine Handelsmetropole und daher eine »Speicherstadt«. Längs der Pregelarme drängten sich die malerischen Lagerhäuser, die zum Teil schon sehr alten, mehrstöckigen Speicher. Sie alle fielen 1944 den Bombenangriffen zum Opfer. Nur der berühmte **Gruppen- und Turmspeicher** am Hafenbecken IV aus dem Jahre 1924, seinerzeit der größte Speicherbau der Welt, überstand den Krieg.

Auf einem Rost von 5600 Eichenpfählen, jeder 10 bis 15 m lang, wurden der riesige Doppelbau und die anschließenden Kais errichtet. Einen schönen Blick auf den Speicher erhält man vom Schiff oder von der nördlichen Pregelseite aus, wenn man vom Villenviertel Amalienau die uliza Wagonostroitelnaja (**ул. Вагоностроитеьная**; früher Arndtstraße) südwärts zum Fluß hinunterfährt.

St.-Adalbert-Kirche

Am Südrand des Villenviertels **Amalienau**, wo die Kastanienallee, die ihren früheren Namen behalten hat, auf den Siegesprospekt (früher Lawsker Allee) trifft, steht die ehemalige katholische St.-Adalbert-Kirche, errichtet 1904 von dem Königsberger Architekten Friedrich Heitmann. Adalbert (956–977) war Bischof von Prag und versuchte viele Jahre, bevor der Deutsche Orden erschien –, die samländischen Prussen zu missionieren; bei Fischhausen am Frischen Haff erlitt er den Märtyrertod und wurde von Papst Silvester II. 999 heiliggesprochen. Die Adalbertkirche ist heute Sitz des Instituts für Ionosphärenforschung, worauf ein großes Fassadengemälde hinweist.

Kaschtanowaja alleja (**Каштановая аллея**), Ecke Pobedy prospekt (**Победы пр.**)

Stadion Baltika ■ B 2

Südlich vom Miraprospekt, zwischen dem Schauspielhaus und dem Tiergarten, befindet sich Kaliningrads größte Sportstätte, das Stadion Baltika. Von früh bis spät herrscht hier lebhaftes Treiben, Schulen und Sportvereine trainieren in jedem Winkel der 7 ha großen Anlage. 1892 schenkte Walter Simon (1857–1920), Bankier und Stadtrat, seiner Vaterstadt Königsberg das riesige Grundstück auf dem Mittelhufen mit der Auflage, darauf einen Sportplatz zu errichten.

Stadthalle ■ D 2/D 3

1912 eröffnete am Ostufer des Schloßteichs die Stadthalle, ein Bau mit mehreren unterschiedlich großen Sälen für Konzerte, Vorträge und Tanzveranstaltungen sowie einem Restaurant und Café im Haus. Mit 1604 Sitzplätzen besaß die Königsberger Stadthalle den damals größten Konzertsaal Deutschlands. 1944 wurde das Gebäude zerstört, aber 1981 bis 1986 nach den alten Plänen wiederaufgebaut. Heute beherbergt die Stadthalle neben mehreren Konzert- und Vortragssälen das Museum für Geschichte und Kunst (→ Museen, S. 55). Eine Kellerbar im Hause trägt den deutschen Namen »Stadthalle«.

Sternwartebastei ■ B 3

Die mächtigen Befestigungswerke der Sternwartebastei (**Bastion Astronomitscheskij**) lugen aus dem Grün alter Bäume hervor. Sie gehört zu dem Verteidigungsgürtel des 19. Jh. Die Gebäude werden noch militärisch genutzt und sind daher nicht zu besichtigen. Ihren Namen hat die Anlage von der nahen Sternwarte, die der Astronom Friedrich Wilhelm Bessel begründete.

Gwardejskij prospekt (**Гвардейский пр.**; früher Deutschordenring)

Südbahnhof ■ C 6

Leninprospekt und Kalininprospekt treffen sich am Kalininplatz vor dem Südbahnhof (**Juschnij woksal**), dem früheren Hauptbahnhof von Königsberg. Er wurde 1915 bis 1929 erbaut und galt – sein Aussehen und seine Funktion betreffend – als der modernste Bahnhof Europas. Von hier fuhren vor dem Zweiten Weltkrieg alle Fernzüge ab: nach Berlin und Breslau, nach Warschau und Moskau. Am 22. Januar 1945 verließ der letzte, mit Flüchtlingen und verwundeten Soldaten überfüllte Zug den Bahnhof. Im Sommer 1991 trafen hier die ersten westdeutschen Touristen mit dem Zug ein.

Den Zweiten Weltkrieg überstand der Hauptbahnhof relativ gut, nur das Glasdach der Bahnsteighallen mußte erneuert werden. Auch der hohe Giebel der Eingangshalle mit dem großen spitzbogigen Fenster, das acht Travertinpfeiler gliedern, blieb unverändert. Nur Chronos, die Verkörperung der Zeit, ein Tuffstein-Hochrelief von Hermann Brachert über dem großen Fenster, mußte dem Emblem der Sowjetunion weichen. Aber auch Hammer und Sichel werden bald ausgedient haben. Der Südbahnhof ist Endstation aller Züge von Rauschen und Cranz.

Südpark ■ C 6/E 6

Das Naherholungsgebiet mit Parks und Teichen ist aus dem Festungsgürtel des 19. Jh. hervorgegangen. Obwohl sich der Komsomol, die kommunistische Jugendorganisation in der UdSSR, 1991 aufgelöst hat, nennen die Kaliningrader den Südpark noch immer »Komsomolzen-Park«, offiziell »Kultur- und Erholungspark des 40. Jahrestages des Komsomol«. Der Kulturpark wurde 1958 eröffnet und gehört seitdem zu den beliebtesten Vergnügungsparks der Stadt, mit Karussells und Ruderbooten, Schaukeln und Schachtischen, Liegewiesen und Grillplätzen.

Kalininprospekt (Калинина пр.; früher Österreichische Straße)

Einstige Verkehrsdrehscheibe zwischen Berlin und Moskau: der Südbahnhof

KÖNIGSBERG ERLEBEN

Tiergarten ■ A 1/B 1

Kaum 300 m westlich des Neuen Schauspielhauses weist das niedrige, mit Tierplastiken gekrönte Portal auf den Zoologischen Garten (**Sopark**) hin. 1895 hatte ihn die Stadt Königsberg auf dem Gelände der Nordostdeutschen Gewerbeausstellung an der Hufenschlucht eröffnet. Restaurants und Ausstellungshallen, Blockhäuser und ein Aussichtsturm der Gewerbeausstellung waren übernommen worden und dienten nun als Konzert- und Tierhäuser. Hermann Claaß (1841–1914), Apotheker und Direktor der Gewerbeausstellung, wurde auch erster Direktor des neuen Tiergartens, der anfangs weniger ein Zoologischer Garten als ein Vergnügungspark war, sich in späterer Zeit aber zu einer weltweit beachteten Forschungsstätte entwickelte. 1996 wurde anläßlich des 100jährigen Bestehens des Tiergartens in der Hauptallee der Gedenkstein für Claaß wiedererrichtet. Mit 893 Tierarten begann der Tiergarten, 1910 waren es bereits 2126 Arten. Im Zweiten Weltkrieg blieb er nahezu unbehelligt, nur die Tiere waren verschwunden, mit Ausnahme des von Kugeln schwer verwundeten Flußpferdes Hans, das russische Militärveterinäre wieder gesundpflegten. Hans war der erste Bewohner des 1947 wiedereröffneten Kaliningrader Tiergartens, der heute zwar nur wenige Tiere zeigt, in der Fachwelt aber wieder einen guten Ruf hat.

pr. Mira, пр. Мира; früher Hufenallee

Universität ■ D 2/D 3

Die 1861 im Stil der Florentiner Renaissance von dem Schinkelschüler August Stüler erbaute Neue Universität wurde 1944 zerstört, nach dem Krieg in schlichterer Form wiederaufgebaut und 1967 als »Staatliche Universität Kaliningrad« neu eröffnet.

Die Königsberger Universität war 1544 von Herzog Albrecht gestiftet worden. Ihr erstes Domizil hatte sie auf der Ostseite der Kneiphofinsel

Dem größten Bewohner der Wälder hat man im Tierpark ein Denkmal gesetzt

48

neben dem Dom. Der Lehrbetrieb begann mit zehn ordentlichen Professoren und 318 Studenten. Im 17. Jh. kam der Name »Albertina« für die Königsberger Universität auf (nach ihrem Stifter Herzog Albrecht). Anläßlich des 300jährigen Universitätsjubiläums legte König Friedrich Wilhelm IV. 1844 den Grundstein zum Neubau am Paradeplatz. 1974 wurde im Hause der Universität ein **Kantmuseum** (→ Museen, S. 54) eingerichtet.

Im Hof der Neuen Universität befindet sich eine Sammlung von Steindenkmälern, zu denen auch eine **Skulptur des Walther von der Vogelweide** (ca. 1170–ca. 1230) gehört. Im Jahre 1930 enthüllte der ostpreußische Sängerbund anläßlich des 700. Todesjahres des großen Dichters des Mittelalters im Tiergarten ein von dem Bildhauer Georg Fuhg geschaffenes Denkmal. 1975 stellte man die Steinplastik im Skulpturengarten der Dominsel auf, nahm sie aber nach einer Beschädigung 1993 in die Obhut der Universität.

In der Grünanlage vor der Universität, dem einstigen »Königsgarten«, steht das **Kantdenkmal** (→ S. 33). Wenige Meter weiter entdeckt man unter Bäumen den Eingang zum »Laschbunker«, dem **Museum über die letzten Wochen und Tage der Festung Königsberg** (→ Museen, S. 55). Die Ostseite des Platzes nahm von 1808 bis 1944 das Stadttheater ein, an dem Richard Wagner, Richard Strauss und Hans Pfitzner dirigierten. An der Universitätsstraße Nr. 7 lag, als die Straße noch Paradeplatz hieß, das bekannte und beliebte **Café Bauer**. Im Haus Nr. 6 befand sich bis 1944 das **Haus der Bücher**, die größte Sortimentsbuchhandlung Europas und Kern der Verlagsbuchhandlung Gräfe und Unzer, die 1722 von Christoph G. Eckart in Königsberg gegründet worden war. Seit 1945 hat das Unternehmen seinen Sitz in München und feiert 1997 sein 275jähriges Bestehen. Universitätsstraße (ul. Universitetskaja; ул. Университетская; früher Paradeplatz)

Der Hauptbau der Universität wurde nach dem Krieg neu errichtet

Weltzeituhr und Funkhaus ■ D 3

Südlich der Stadthalle steht das **Funkhaus** der Rundfunk- und Fernsehgesellschaft »Janmar« ziemlich genau an der Stelle der einstigen Burgkirche. Die deutsch-reformierte Burgkirche war 1690 bis 1696 auf Veranlassung des Großen Kurfürsten auf dem Reitplatz des Oberburggrafen Ahasverus von Lehndorff nach dem Vorbild der Nieuwe Kerk in Den Haag erbaut und am 23. Januar 1701 in Gegenwart des fünf Tage zuvor gekrönten Königs Friedrich I. geweiht worden. 1944 wurde die Kirche im Bombenhagel vollkommen zerstört. Wenige Meter vom Funkhaus entfernt ragt die schöne Weltzeituhr seit 1990 aus den Grünanlagen.
Frunsestraße (ул. Фрунзе; früher Königstraße)

Wrangelturm ■ D 1

1853 entstand als Teil des Königsberger Festungsrings in der Westecke des Oberteichs der Wrangelturm, gewissermaßen ein Pendant zum Dohnaturm in der Ostecke des Teichs. Sein Name erinnert an den preußischen Feldmarschall Friedrich Heinrich Ernst Graf von Wrangel (1784–1877), der bei der Revolution von 1848 die Autorität der Regierung in Berlin ohne Blutvergießen wiederherstellte.
Der Turm kann nicht besichtigt werden.

Zentralmarkt ■ D 1

Auf dem östlichen Gelände der früheren Deutschen Ostmesse (1920–1941) befindet sich der Kaliningrader Zentralmarkt (**Zentralnyj rynok**), auf dem man bei rund 2000 Händlern von fangfrischem Fisch bis zu Wellensittichen, von herrlichen Würsten und geräuchertem Schinken bis zu russischem Wodka und Lederjacken alles kaufen kann, was das Konsumentenherz begehrt.

Wer in dem bunten und lauten Gedränge des Marktes Zeit findet, werfe einen Blick auf das imposante **Haus der Technik**, das der Architekt Hanns Hopp 1925 für die Deutsche Ostmesse baute.
Zwischen der ul. Tschernjachowskogo (ул. Черняховского; früher Wrangelstraße) und der ul. Professora Baranowa (ул. Профессора Баранова; früher Wallring). Haupteingang in der ul. Gorkogo (ул. Горького; früher Waldburgstraße)

TOP TEN 8

DER BESONDERE TIP

Bernstein in der Stadthalle Die größte Auswahl an Bernsteinschmuck bietet wohl das weiträumige Juweliergeschäft Rubin am Leninprospekt 40 (→ Einkaufen S. 67), doch die schönsten und kostbarsten Stücke entdeckt man etwas verborgen im Geschäft der Stadthalle, das auch edle Souvenirs aus anderen Materialien, Holzschnitt- und Lackarbeiten, Metallguß und Treibarbeiten sowie interessante moderne Kunst bereithält.   ■ D 2/D 3

Ein Symbol des Friedens: die Weltzeituhr

Nach der politischen Wende wuchs das Interesse der Kaliningrader an ihrer Heimat und ließ erste Museen entstehen, der viele weitere folgen sollen.

Das Königsberger Gebiet, die Kaliningradskaja Oblast, war fast ein halbes Jahrhundert lang ein streng von allen umliegenden Sowjetrepubliken und Ostblockstaaten abgeschirmter Militärbezirk, ein mächtiger Stützpunkt der Landstreitkräfte und zugleich die stärkste Flottenbasis der UdSSR in der Ostsee. Alles in der Oblast hatte dem Militär zu dienen. Zivilpersonen oblag die Versorgung von Heer und Marine und die Aufrechterhaltung einer minimalen Infrastruktur. Für Museen war kein Raum.

Das änderte sich mit der Wende, mit dem Austritt Rußlands aus dem Verband der Sowjetunion und deren Zusammenbruch. Mehr und mehr verlor das Militär an Bedeutung, aus dem Militärbezirk wurde für die Menschen, die hier inzwischen in zweiter und dritter Generation leben, ein Stück Rußland, ihre Heimat. Die verfallenen deutschen Kirchen baute die orthodoxe Religionsgemeinschaft für den eigenen Ritus wieder auf, seit kurzem entstehen neue Gotteshäuser im traditionellen altrussischen Stil. Zugleich öffneten erste Museen, eingerichtet nicht nur für ausländische Touristen, sondern für die eigene Bevölkerung, um

ihr die Leistungen Rußlands und seiner Menschen zu zeigen und das nach dem Zusammenbruch der UdSSR arg strapazierte Selbstvertrauen der Bürger wiederherzustellen. Zugleich versucht man, das deutsche mit dem russischen Kulturgut zu verschmelzen.

Das **Museum für Geschichte und Kunst** in der ehemaligen Stadthalle behandelt vor allem die Geschichte von Kaliningrad, nur spärlich auch die von Königsberg. Das **Bernsteinmuseum** im Dohnaturm zeigt einzigartige Exponate aus dem fossilen Werkstoff, zumeist Arbeiten russischer Meister, darunter Leihgaben der Rüstkammer des Moskauer Kreml. Das **Museum der Weltmeere** auf dem Schiff »Witjas« führt dem Besucher die große Bedeutung russischer Forschung im internationalen Bereich vor Augen. Das neue **Prussenmuseum** im Friedrichsburgtor schließlich widmet sich der Zeit vor der Missionierung durch den Deutschen Orden. Russische Schulklassen und Soldatengruppen stellen naturgemäß den Hauptteil der Besucher, was aber keinesfalls bedeutet, daß die Sammlungen für deutsche Touristen uninteressant wären.

Dem größten Denker der Stadt, Immanuel Kant, wurde ein Museum gewidmet

Die Eintrittspreise unterliegen starken Schwankungen und sind daher nicht einzeln angegeben.

Bernsteinmuseum ■ E 1

Der Dohnaturm (→ Sehenswertes, S. 26) beherbergt eines der bedeutendsten Bernsteinmuseen der Welt mit über 6000 Exponaten: Außergewöhnliche Bernsteinfunde mit seltenen Insekteneinschlüssen aus dem Tagebau Palmnicken

TOP TEN 5

(→ Ausflüge, Der Besondere Tip, S. 85), Kunsthandwerk mit und aus Bernstein – Leihgaben der Rüstkammer des Moskauer Kreml – und wunderbar gearbeitete alte und neue Bernsteinarbeiten Kaliningrader Künstler zählen zu den schönsten Ausstellungsstücken. Die größten und ältesten Kostbarkeiten findet der Besucher in den besonders gesicherten Kellergewölben, in der »Schatzkammer«. Die Bestände des früheren Königsberger Bernsteinmuseums wurden 1945 in alle Winde zerstreut, ein Teil kam zur Universität Göttingen, andere Exponate tauchten später im litauischen Bernsteinmuseum im Schloß Palanga auf.

Tgl. außer Mo 10–17.30 Uhr

Kantmuseum ■ D 2/D 3

Das Universitätsgebäude beherbergt ein kleines, aber sehr interessantes Kantmuseum, das 1974 anläßlich des 250. Geburtstages des deutschen Philosophen Immanuel Kant eröffnet wurde. Es zeigt u. a. mehrere Büsten Kants, außerdem Büsten der Philosophen Johann Gottfried Herder (1744–1803), Georg Wilhelm Friedrich Hegel (1770–1831) und Friedrich Wilhelm Joseph Schelling (1775–1854), ferner mehrere wiederentdeckte Bücher aus der Silberbibliothek des Herzogs Albrecht und der Wallenrodtschen Bibliothek.

Keine festen Öffnungszeiten. Anmeldung ein oder zwei Tage vor dem Besuch bei Frau Olga Feodosejewna Krupina, die das Museum eingerichtet hat und betreut. Da sie viel unterwegs ist, versuchen Sie,

Kostbarkeiten aus Bernstein sind im Dohnaturm zu bewundern

beim Pförtner des Hauses einen Besichtigungstermin zu erhalten.
ul. Universitetskaja (ул. Университетская)

Museum für Geschichte und Alltag ■ E 6

1991 richteten junge Russen im Friedländer Tor ein kleines Museum ein, in dem sie die Ergebnisse ihrer eifrigen Sammel- und Grabetätigkeit zeigen: Relikte aus deutscher Zeit, wie Straßenschilder, Reklametafeln, Bierflaschen der Königsberger Brauereien, Arbeitsgeräte und Einrichtungsgegenstände, sogar ein zwölfteiliges Service aus dem »Blutgericht«, der berühmten Weinstube im Königsberger Schloß.
ul. Dserschinskogo (ул. Дзежхинского)
Anmeldung, wenn geschlossen: Tel. 44 86 65

Museum für Geschichte und Kunst ■ D 2/D 3

Die ehemalige Stadthalle (→ Sehenswertes, S. 46) am Schloßteich zeigt seit 1991 interessante Sammlungen zur Geschichte und zur Volkskunst. Im 1. Stock wird über regionale Tierwelt, Vor- und Frühgeschichte, Geschichte der Prussen, des Deutschen Ordens und des Preußischen Königtums bis ins 20. Jh. informiert. Im 2. Stock erfährt man Wissenswertes über das Dritte Reich, den Kampf um Königsberg, die Sowjetära und die Gegenwart, und im 3. Stock wird russische Volkskunst, insbesondere Puppen, präsentiert. Eine ständige Ausstellung befaßt sich mit den »Altertümern des Bernsteinlandes« vom 12. Jahrtausend v. Chr. bis zum 13. Jh. n. Chr.
Tgl. außer Mo 11–18 Uhr

Museum über die letzten Wochen und Tage der Festung Königsberg (Bunkermuseum) ■ D 3

Auf dem Platz vor der Universität betritt man den unterirdischen Befehlsstand von General Otto Lasch, dem Verteidiger von Königsberg. In Fotografien, Schautafeln und Dioramen kann der Besucher den Kampf um Ostpreußens Hauptstadt (1944/1945) nachvollziehen.
Tgl. außer Mo 11–18 Uhr

Museum der Weltmeere ■ C 4

Westlich vom Hotelschiff Hansa ankert das ehemalige deutsche Frachtschiff »Mars«, das in den letzten Kriegswochen mehrere tausend Flüchtlinge aus Königsberg und Ostpreußen von Pillau aus in den Westen brachte. 1949 übernahm die UdSSR das Schiff und setzte es als Forschungsschiff »Witjas« (Held) ein. Nach mehr als 800 000 Seemeilen rings um den Erdball liegt es nun am Pregelufer und zeigt Fauna und Flora aller Meere.
Tgl. außer Mo 11–18 Uhr

Prussenmuseum ■ B 4

Im Friedrichsburgtor (→ Sehenswertes, S. 29) südlich des Pregel wurde 1997 ein Prussenmuseum eröffnet, das die Geschichte der Prussenvölker anschaulich dokumentiert.
Tgl. außer Mo 11–18 Uhr

Staatliche Kunstgalerie ■ E 3/E 4

Die Kunstgalerie zeigt wechselnde Ausstellungen mit Werken russischer Maler und Bildhauer, vorwiegend der Gegenwart, auch Ausstellungen von Werken der angewandten Kunst, wie der Glaskunst, Keramik usw. Auch historische Sammlungen kommen häufig in die Kunstgalerie.
Moskauer Prospekt 60–62 (Московский пр.)
Tgl. außer Mo 11–19 Uhr

Ein russisches Sprichwort sagt: »Hast du ein gutes Weib, einen Borschtsch und einen kräftigen Tee, so kannst du mit deinem Leben zufrieden sein«.

Das Königsberger Gebiet gehört heute zu Rußland und ist überwiegend von Russen bewohnt. Daher bestimmen russische Gerichte den Charakter der Kaliningrader Küche. Die russische Küche zählt zu den besten der Welt. In Königsberg ergänzen außerdem einige ostpreußische Spezialitäten die russische Speisekarte. Vielleicht ist das den wenigen in ihrer Heimat verbliebenen Deutschen zu verdanken. Vielleicht haben auch deutschrussische Zuwanderer aus Kasachstan und den anderen ehemaligen Teilstaaten der Sowjetunion ihre alten deutschen Rezepte mitgebracht. Sicher aber ist, daß deutsche Heimwehtouristen die russischen Neubürger mit ihren bewährten ostpreußischen Leibgerichten verzauberten. So sind **Kenigsberger Klopse** und **Beetenbartsch**, **Spickhecht** und **Geelerkes** in der Oblast keine Seltenheit mehr.

Delikate Vorspeisen und einzigartige Suppen

Zu jeder Tageszeit munden die köstlichen **Sakuski**, die Vorspeisen. Schwarzbrot, Graubrot oder warme **Blini** (Pfannkuchen aus Buchweizenmehl) bilden die Grundlage für Räucherlachs, gebeizten Stör, mildgesalzenen Kaviar (roter Keta oder schwarzer Beluga), marinierte Steinpilze, Salzgurke, gebratenes Fleisch oder Geflügel, insbesondere Gänseleber. Auch ein paar wundervolle **Piroschki**, winzige Pastetchen, gefüllt mit pikant gewürzter Farce, machen Appetit auf mehr. Dazu trinkt man Wodka (zu deutsch Wässerchen) – natürlich einen in Kaliningrad aus bestem Weizen gebrannten »Stolitschnaya«. Er ist nach Meinung vieler, die es wissen müssen, der beste, der weichste und reinste Wodka. Das winzige Symbol einer Möwe auf dem Flaschenetikett beweist seine »ostpreußische« Herkunft.

Eine Suppe (**Supy**) sollte man in jedem Fall bestellen, denn sie sind die Krönung der russischen Kochkunst. Voran der **Schtschi**, die Weißkohlsuppe aus kräftiger Bouillon mit Fleischeinlage, mit Gewürzen und Kräutern pikant abgeschmeckt und mit ein oder zwei Löffeln saurer Sahne (**Smetána**) übergossen, dazu Piroschki oder Bort. Enthält der Schtschi noch rote Rüben, so heißt die Suppe **Borschtsch**. Die **Soljanka** ist eine wunderbare Suppe aus Fleisch oder Fisch, die immer

Im Sommer aus Königsbergs Straßen nicht wegzudenken: die Kwas-Stände

KÖNIGSBERG ERLEBEN

Salzgurke, Zwiebeln, natürlich etwas Knoblauch und saure Sahne enthält. Zu den kalten Suppenköstlichkeiten zählen die **Botwinja** und die **Okroschka**. Die berühmte **Tjurja** wird aus **Kwas**, gewürfeltem Schwarzbrot, gehackter Zwiebel und Meerrettich bereitet.

Nebensache Hauptgang und süße Desserts

Der Hauptgang ist nach den sättigenden Vorspeisen und der Suppe eigentlich überflüssig. Außerdem vermag er geschmacklich mit beiden nur selten zu konkurrieren. Trotzdem hier eine kleine Auswahl: Bei den **Bitotschki** handelt es sich um runde, gebratene Hackfleischfladen, mit Buchweizengrütze als Beilage. **Salnik** wird aus pürierter Leber und Buchweizenmehl bereitet. **Piroggen** werden mit allem Eßbaren gefüllt, mit Fleisch wie mit Fisch, mit Pilzen oder Eiern, Zwiebeln oder Rosinen. Eine abendliche Schlemmerei sind die **Blini**, hauchdünne Pfannkuchen, mit zerlassener Butter und saurer Sahne übergossen und begleitet von rotem oder gar schwarzem Kaviar.

Wer zum Nachtisch auch noch etwas Süßes möchte, verlangt am besten nach **Syrniki**, das sind Quarkküchlein, die noch ofenwarm auf den Tisch kommen. Man bestreicht sie mit frischer Butter und trinkt dazu Tee, natürlich den echten russischen mit dem typisch würzigen Geschmack.

Preiswerter Durstlöscher – das Nationalgetränk Kwas

An heißen Sommertagen gibt es kein Getränk, das den Durst besser löscht und zugleich köstlicher schmeckt, als **Kwas** frisch gezapft aus einem der gelben Tankwagen, wie er zum Beispiel bei dem Königsberger Nordbahnhof steht. Kwas ist das uralte russische Nationalgetränk aus vergorenem Schwarzbrot. Und jedermann kann es sich leisten, denn ein Becher kostet nicht viel mehr als umgerechnet 10 Pfennig. Doch immer öfter bereichern Bierwagen das Stadtbild. Sie schenken vorwiegend das einheimische Ostmark-Bier aus.

In Lokalen und Restaurants überwiegen norddeutsche und holländische Biere. Bestellen Sie hier niemals ein Kwas, im günstigsten Fall wird der Ober Ihre Bestellung überhören.

Wein kommt aus Südrußland oder aus der Ukraine, manchmal auch aus Frankreich. Als ein festliches Getränk gilt der »Konjak«, der Weinbrand aus edlen Schwarzmeerweinen; wer es sich leisten kann, trinkt echten französischen Cognac. Dasselbe gilt für Sekt: der weiße oder rote Krimsekt »Krimskoye« kann natürlich mit französischem Champagner nicht konkurrieren. Als deutscher Tourist sollte man **Wodka** trinken, möglichst den original Kaliningrader »Stolitschnaya« (40 Prozent), aber auch die anderen Marken »Moskovskaya« (40 Prozent), »Sibirskaya« (42 Prozent) und »Krepkaya« (56 Prozent) sind zu empfehlen, zur Verdauung eines üppigen Mahls, zur Bekämpfung aller etwaigen Bakterien und zur Belebung einer besichtigungsmüden Runde.

Russischer Tee mit Zucker und Kirschmarmelade

Wer keinen Alkohol trinken darf oder möchte, bekommt Orangen- und Cola-Getränke amerikanischer Provenienz, Limonaden in russischer Süße oder mehr oder weniger salzige Mineralwässer. Nach Kaffee ist Tee das verbreitetste aller Getränke; die Russen trinken ihren **Tschaj** morgens, mittags und abends, den ganzen Tag über und auch nachts. Ihrer Meinung nach schmeckt der russische Tee von allen Tees am besten, denn er ist der einzige, dessen Aroma beim Transport nicht vom Salz der See-luft beeinträchtigt wurde; er kommt von den Kaukasushängen Westgeorgiens. Zum siedend heißen Tschaj gehört grober Zucker, auch ein Schälchen selbstgemachte Sauerkirschmarmelade sollte nicht fehlen. Einen kleinen Löffel der köstlichen Marmelade nimmt man in den Mund und trinkt den Tee dazu.

Die Auswahl an ordentlichen Restaurants, Cafés und Bars ist in Kaliningrad noch klein. Trotzdem findet man im Stadtzentrum immer ein hübsches Lokal, in das man wiederkommen möchte.

Preisklassen

Die Preise beziehen sich auf ein drei- bis viergängiges Menü mit Getränken, aber ohne Trinkgeld.
Obere Preisklasse über 25 DM
Mittlere Preisklasse 15–25 DM
Untere Preisklasse unter 15 DM

An Hochprozentigem herrscht kein Mangel

Bar Italy ■ C 2

Gemütliches Restaurant mediterranen Zuschnitts, gute italienische Küche (Salate, Pizza, Lasagne, italienische und englische Speisekarte. Abends Musik.
Leninprospekt 27 (**Ленинский пр.**)
Tel. 43 07 53
Tgl. 8–2 Uhr
Mittlere Preisklasse

Belarus ■ C 3

Ein weißrussisches Restaurant mit sowjetischem Flair. Viel Plüsch, großes Tamtam, intime Séparés und durchschnittliches Essen.
ul. Schitomirskaja 14 (**ул. Жито-мирская**)
Tgl. 12–23 Uhr
Mittlere Preisklasse

Brigantina ■ C 4/D 4

Empfehlenswertes Speiselokal in der früheren Alten Börse.
Leninprospekt 83 (**Ленинский пр.**)
Tel. 44 34 43
Tgl. 12–17 und 18–23 Uhr
Mittlere Preisklasse

Casino Universal ■ A 1

Über eine Wendeltreppe gelangt man in eines der nobelsten und schicksten Restaurants von Kaliningrad. Umfangreiche Speisekarte auf Englisch. Zugleich Spielcasino.
Mira pr. 43 (**Мира пр.**)
Tel. 21 69 31
Tgl. 12–6 Uhr morgens
Obere Preisklasse

Elma ■ D 5

Café und Restaurant in der Krypta der früheren Kirche Zur Heiligen Familie (heute Orgelhalle der Philharmonie), gemütliches Kellerlokal, aufmerksame Bedienung, gutes Essen. Märchenhafte Malereien mit Szenen aus dem russischen Leben schmücken die Wände. Freitags und Samstags spielt ab 19 Uhr ein Gitarrist. Sonst erklingen dezente amerikanische Weisen vom Band.
ul. B. Chmelnizkogo 61 a (**ул. Б. Хмельницкого**)
Tgl. 12–16 und 17–24 Uhr
Obere Preisklasse

TOP TEN
4

DER BESONDERE TIP

Restaurant im Hotel Moskwa am Friedensprospekt
Den mächtigen Gebäudeklotz gegenüber dem Tiergarten baute der Königsberger Architekt Siegfried Saßnik 1935/36 für die Berliner Nordstern Versicherungsgruppe.
An der oberen Fassadenecke ist noch der Bär, das Wappentier der deutschen Hauptstadt, zu erkennen. Die Sowjets verwandelten den Versicherungsbau in ein Nobelhotel. Es ist inzwischen weitgehend renoviert. Doch das Beste am Hotel ist sein Restaurant (Eingang in der Nebenstraße Gostinnaja uliza), wo man vortreffliche russische Küche genießen kann. Abends ist Tanz. Rauchen nicht gestattet. Mira pr. 19 (**Мира пр.**), Tel. 27 20 89, tgl. 12–17 und 18–23 Uhr, Mittlere Preisklasse ■ B 1

Hansa ■ C4

Das Hotelschiff hat zwei sehr gute Restaurants, die russische und internationale Spezialitäten bieten.
nab. Bagramjana 6 (**наб. Баграмяна**)
Tel. 43 38 06
Tgl. 13–15 und 19–22 Uhr
Mittlere Preisklasse

Olsztyn ■ C6

Ein Bau aus dem Jahre 1980, der mehr dem Gedenken an die »Befreiung« der ostpreußischen Stadt Allenstein (poln. Olsztyn) durch die Sowjetarmee als dem Wohl seiner Gäste dienen sollte. Im Erdgeschoß befinden sich Garderobe und Toiletten, im ersten Stock eine Bar, im zweiten Stock das Restaurant im typischen Stil der Sowjetära, aber mit guter russischer Küche. Abends Musik und Tanz.
ul. Olschtynskaja 1 (**ул. Ольштинская**), Ecke Leninprospekt
Tgl. 12–2 Uhr
Mittlere Preisklasse

Rus ■ D1

Einigermaßen gemütliches Restaurant russisch ländlicher Prägung. Ordentliche russische Küche. Abends Tanz.
ul. Tschernjachowskogo 78 (**ул. Черняховского**)
Tgl. 12–23 Uhr
Mittlere Preisklasse

Valencia ■ C1

Spanisches Spezialitätenrestaurant. Spanische Musik. Speisekarte auf Englisch und Spanisch.
pl. Pobedy 1 (**пл. Победы**)
Tel. 43 38 20 und 43 36 59
Tgl. 13–24 Uhr
Obere Preisklasse

Eine typische Spezialität im gewässerreichen Oblast ist Räucherfisch

Eßdolmetscher

A

abjéd (**обед**): Mittagessen
agurjétß (**огурец**): Gurke
amljét (**омлет**): Omelett
antrjekót (**антрекот**): Entrecôte
arbúß (**арбуз**): Melone
arjéchi (**орехи**): Nüsse
aßjetrína (**осетрина**): Stör
äßkalóp (**эскалоп**): Schweine-
schnitzel
aßßartí mjaßnóje (**ассорти мясное**):
Fleischplatte
aßßartí rybnaje (**ассорти рыбное**):
Fischplatte
apelsín (**апельсйн**): Apfelsine

B

banan (**банан**): Banane
baránina zárjenaja (**баранина
жареная**): Hammbelbraten
baraschek (**барашек**): Lamm
bifschtjékß (**бифштекс**): Beefsteak
bifßtróganof (**бефстроганов**): Beef
Stroganoff
bjeloje wino (**белое вино**):
Weißwein
bliny (**блины**): Hefepfannkuchen
– *blíntschiki* (**блины/блинчики**):

Plinsen (Buchweizenpfannkuchen)
bljudo (**блюдо**): Gericht
bob (**боб**): Bohne
borschtsch (**борщ**): Borschtsch
(Suppe aus Sauerkraut, Weißkohl,
Roten Rüben, Zwiebeln, Tomaten)
praßtakwáscha (**простокваша**):
Dickmilch
brójljer (**бройлер**): Grill-Hähnchen
bljutschka (**блючка**): Brötchen
buljón (**бульон**): Brühe
butylka (**бутылка**): Flasche

C

caktjéjl (**коктейль**): Cocktail
chljep (**хлеб**): Brot

D

dar`y mórja (**дары моря**): Meeres-
früchte
Dewuschka! (**девушка**): Fräulein!
dtschem (**джем**): Marmelade
djeßjért (**десерт**): Nachspeise

E

eskimo (**эскимо**): Eis am Stil

Typisch russische Küche: bliny mit Kaviar

62

F

farjél (**форель**): Forelle
faßól (**фасоль**): Bohnen
file (**филе**): Filet
frúkty (**фрукты**): Obst

G

garóch/garóschek (**горох/горошек**):
Erbse
gawjádina (**говядина**): Rindfleisch
gretza (**греуа**): Buchweizen
griby (**грибы**): Pilze
– *w smetane* (**грибы в сметане**):
Pilze »Julienne«, Pilze in saurer Sahne überbacken
gretza (**гусн**): Gans
grúscha (**груша**): Birne

I

ikra (**икра**): Kaviar
– *kjétawaja* (**икра кетовая**): Kaviar,
roter
– *pájusnaja* (**икра паюсная**): Kaviar,
gepreßter
– *sjernístaja* (**икра зернистая**):
Kaviar, schwarzer

J

jablaka (**яблоко**): Apfel
jablotschny sok (**яблочный сок**):
Apfelsaft
jagnjónak (**ягнёнок**): Lamm
jaitschnitßa-baltúnja (**яичница
болтунья**): Rühreier
jaitschnitßa (**яичница**): Spiegeleier
jajtßó (**яйцо**): Ei
– *wkrutuju* (**яйцо вкрутую**): hartge-
kochtes Ei
– *wsmjatku* (**яйцо всмятку**): weich-
gekochtes Ei

K

kakao (**какао**): Kakao
kambalá (**камбала**): Scholle
kanape rybnoje (**канапе рыьное**):
Fischbrötchen
kapúßta (**капуста**): Kohl
– *tßwjetnája* (**капуста цветная**):
Blumenkohl
karotel (**каротель**): Karotten
kartófjell, kartóschka
(**картофель/картошка**): Kartoffeln
káscha (**каша**): Grütze
katljéta (**котлета**): Frikadelle, Bulette
kißlaja kapúßta (**кислая капуста**):
Sauerkraut
kíßlyj (**кислый**): sauer
kjefír (**кефир**): Kefir
klubníka (**клубника**): Erdbeeren
kófe (**кофе**): Kaffee
– *tschórnyi* (**кофе чёрный**): Kaffee,
schwarzer
kompot (**компот**): Kompott
konjak (**коньяк**): Kognak
kotleta baranja (**котлета баранья**):
Hammelkotelett
– *is swinny* (**котлеты из свинсны**):
Schweinekotelett
kotlety po-kijewski (**котлеты по-
киевски**): Kiewer Hühnchen,
mit Butter und Kräutern gefülltes
Hühnerbrüstchen
kotlety (**котлеты**): Buletten
kraby (**крабы**): Krabben
krjewjétki (**креветки**): Krabben
krasnoje wino (**красное винс**):
Rotwein
kúritßa (**куритца**): Huhn
kwas (**квас**): Kwas

L

laßoßína (**лососина**): Lachs
likjór (**ликёр**): Likör
limon (**лимон**): Zitrone
limanád (**лимонад**): Limonade
loschka (**ложка**): Löffel
losos (**лосось**): Lachs
luk (**лук**): Zwiebel

M

malakó (**молоко**): Milch
malína (**малина**): Himbeere
marmjelád (**мармелад**): Marmelade
marózenaje (**мороженое**): Eis
mäßla (**масло**): Butter
menju (**меню**): Speisekarte
minjerálnaja wadá (**минеральная вода**): Mineralwasser
mjaso (**мясо**): Fleisch
mjaßnyje bljúda (**мясные блюда**): Fleischgerichte
mjenjú (**меню**): Speisekarte
mjod (**мёд**): Honig
mutschnyje isdjélija (**мучные изделия**): Teigwaren

N

Na Sdorowje! (**на здоровье!**): Zum Wohl!
napítki (**напитки**): Getränke
nosch (**нож**): Messer

O

obed (**обед**): Mittagessen
Ofiziant (**официант**): Kellner/Ober!
ogurjez (**огуред**): Gurke
okroschka (**окрошка**): Kwassuppe
oliwki (**оливки**): Oliven
omlet (**омлет**): Omelett
orjechi (**орехи**): Nüsse
ówaschtschi (**обощи**): Gemüse

P

pampelmus (**пампелвмус**): Grapefruit
padschárjennyj na rischótkje (**поджаренный на решётке**): gegrillt
perez (**переч**): Pfeffer
pjetschjénije (**печенье**): Gebäck
piróschnaje piróg (**пирожное/пирог**): Kuchen

piroshki (**пирожки**): Piroggen, mit Gemüse oder Fleisch gefüllte Teigtaschen
píwa (**пиво**): Bier
pomidory (**помидоры**): Tomaten
ptiza (**птида**): Geflügel
pjelmjéni (**пельмени**): Art kleine Maultaschen
pjetschjénka (**печенка**): Leber
plow is barániny (**плов из баранины**): Hammelpilaw (Reistopf)

R

ramschtjékß (**ромштекс**): Rumpsteak
raßßólnik (**рассольник**): Rassolnik – Suppe aus sauren Gurken und Innereien
Restauran/Kafe (**ресторан/кафе**): Restaurant
ris (**рис**): Reis
róßtbif (**ростбиф**): Roastbeef
ryba (**рыба**): Fisch
– *sapetschenaja* (**рыба запеченая**): Fisch, gebacken
rybnyje bljúda (**рыбные блюда**): Fischgerichte

S

sachar (**сахар**): Zucker
sáftrak (**завтрак**): Frühstück
sakuska/sakuski (**закуски**): Vorspeise/n
salat fruktowy (**салат фруктовый**): Obstsalat
– *is ogurzow* (**салат из огурцов**): Gurkensalat
– »*stolitschny*« (**салат » столичный«**): mit Mayonnaise angemachter Salat, u. a. aus Kartoffeln, kaltem Fleisch
salat is pomidorow (**салат из помидоров**): Tomatensalat
schampanskjoje (**шампанское**): Sekt
– *sladkoje* (**сладкое**): süß

– *suchoje* (**сухое**): trocken
– *palußuchóje* (**полусухое**): halb-
trocken
schaschlyk (**шашлык**): Fleisch-
spieße
scharenyi (**жареный**): gebraten
schproty (**шроты**): Sprotten
schnítßjel (**шницель**): Schnitzel
schtschi (**щи**): Kohlsuppe
schtschjót (**счёт**): Zahlen/Rechnung
schtschúka (**щука**): Hecht
sir (**сыр**): Käse
sjeljónnyj ßalát (**зелёный салат**):
grüner Salat
sjomga (**сёмга**): Lachs
sliwki (**сливки**): Sahne
smetana (**сметана**): saure Sahne
sok (**сок**): Saft
sol (**соль**): Salz
soljanka (**солянка**): Soljanka
(Suppe mit Gemüsen, Oliven oder
sauren Gurken)
– *mjasnaja* (-**мясная**): Soljanka mit
Fleisch
– *rybnaja* (- **рыбная**): Soljanka mit
Fisch
swinina (**свинина**): Schwein
ßalát iß ßwjókly (**салат из свёклы**):
Rote-Rüben-Salat
ßapjekánka (**запеканка**): Quark-
speise (aus Teig, Eiern und Zucker)
ßaßíßki (**сосиски**): Würstchen
ßirór (**сироп**): Sirup
ßjeldjl ßjeljotka (**сельдь/селёдко**):
Hering
ßlátkij (**сладкий**): süß
ßok (**сок**): Saft
ßtakan (**стакан**): Glas
ßtúdjen (**студень**): Sülze
ßyrniki (**сырники**): Quarkpfann-
kuchen
ßyrój (**сырой**): roh

T

tarjélka (**тарелка**): Teller
tjeljátina (**телятина**): Kalbfleisch
tort (**торт**): Torte
trjeßká (**треска**): Kabeljau
tschai (**чай**): Tee
tschaj (ß limónam) (**чай с
лимоном**): Tee (mit Zitrone)
tscháschka (**чашка**): Tasse
tschesnók (**чеснок**): Knoblauch
tßwinája otbiwnája (**свиная
отбивная**): Schweinekotelett
tßypljónok (**цыплёнок**): Hühn-
chen/Hähnchen
tworók (**творог**): Quark

U

uchá (**уха**): Fischsuppe
útka (**утка**): Ente

W

wadá (**вода**): Wasser
wareniki (**вареники**): gekochte
Teigtäschchen mit süßer Füllung
warjónyj (**варёный**): gekocht
wílka (**вилка**): Gabel
winó (**вино**): Wein
wjetschiná (**ветчина**): Schinken
wótka (**водка**): Wodka

Z

zárjennyj (**жаренный**): gebraten

Wodka, Matrjoschkas, Lackminiaturen, Holzschnitzereien und natürlich Bernstein sind die beliebtesten Mitbringsel aus der Oblast Kaliningrad.

Typische Kaliningrader Volkskunst gibt es noch nicht, denn die Kaliningrader sind eine multikulturelle Gemeinschaft, die sich aus Angehörigen vieler sowjetischer Teilrepubliken zusammensetzt. So finden Reisende in den Geschäften und den Hotelkiosken vieles aus dem gesamtrussischen Raum, wie zum Beispiel die **Matrjoschkas**, die berühmten »Puppen in der Puppe« aus Sergijew Possad oder Chotjkowo, oder die schwarz-rot-gold bemalten Holzgeräte aus Chochloma (Schalen, Löffel, Tabletts und Becher). Lediglich die besseren Geschäfte zeigen die wundervollen traditionellen **Lackminiaturen** mit Märchen- und Sagenmotiven aus Palech und Fedoskino.

Metallarbeiten und **Holzschnitzereien** in geschmackvoller kunsthandwerklicher Ausführung erhält man vor allem in Königsberg und in den Seebädern. Auch die **Webarbeiten** dürften manchmal zum Kauf animieren.

Daß man schließlich auch ein paar Flaschen guten **Wodka** ins Gepäck nimmt, versteht sich von selbst.

Von Lenin bis Jelzin: die russichen Herrscher als »Puppen in der Puppe«

Schmuck und Bilder aus Bernstein

Das einzig originale Souvenir aus dem alten Königsberg und dem neuen Kaliningrad ist **Bernsteinschmuck** in Form von Halsketten, Broschen, Armreifen und Ringen jeder Farbe und Qualität, von weißlich gelb bis bläulich schwarz, mit oder ohne eingeschlossene Pflanzen oder Insekten. Seien Sie kritisch beim Kauf, denn Straßenhändler bieten oft Preßbernstein oder künstlichen Bernstein an. Bernstein guter Qualität kauft man am besten im **Bernsteinmuseum** im Dohnaturm (→ Museen, S. 54), in der **Stadthalle** (→ Der Besondere Tip, S. 50) oder bei **Rubin** (Рубин) am Leninprospekt 40, Ecke Bagrationsstraße (ул. Багратиона).

Weit verbreitet sind auch **Bernsteinbilder**, gestaltet aus verschiedenfarbigen Bröckelchen und Körnern des fossilen Harzes. Solche winzigen Bernsteinchen fallen in den Manufakturen an und werden auch von Kindern am Strand gesammelt. Die meist naturalistischen Landschaftsdarstellungen sind zwar nicht nach jedermanns Geschmack, dennoch hin und wieder ganz reizvoll.

Magazin, Supermarkt, Kaufhaus und Markt

Waren des täglichen Bedarfs, wie Brot, Butter, Wurst, Messer, Trinkgläser, Coca-Cola, Hemden, Blusen usw., bekommt man im **Magazin** (Магазин), das sind »Tante-Emma-Läden«, die sich in jedem Straßenwinkel verstecken und für Fremde schwer zu finden sind. Fast wie bei uns kauft man im Supermarkt (Супермаркет) oder im Kaufhaus (Uniwermag, Универмаг) ein, wenn auch das Angebot lange nicht so groß und vielfältig ist wie im Westen.

Der Kaufvorgang läuft in größeren Geschäften fast überall nach folgendem Schema ab: Man sucht die Ware in der entsprechenden Abteilung aus, läßt sich den Preis mündlich oder schriftlich geben, zahlt an der Kasse, geht mit dem Kassenbon zu der entsprechenden Abteilung zurück und nimmt dort die Ware in Empfang. Üblicherweise bezahlt man in Rubel. Hotelshops und einige Souvenirläden nehmen auch DM und US-$. Österreichische Schillinge und Schweizer Franken sind wenig bekannt und werden daher kaum akzeptiert.

Größer als in jedem Supermarkt oder Kaufhaus ist das Warenangebot auf dem Kaliningrader **Zentralmarkt** (→ Sehenswertes, S. 50) in der uliza Tschernjachowskogo (ул. Черняховского).

Wer etwas Besonderes kaufen möchte, findet die besten Läden am **Leninprospekt** (Ленинский пр.), am **Friedensprospekt** (Mira prospekt, Мира пр.) und in der 1994 aufgebauten Kiosk-Gruppe **Staraja Baschnja** (Старая Башня) = »alter Turm« in Erinnerung an das Schloß, das hier einst stand, sowie auf dem Zentralplatz (Zentralnaja pl.; Центральная пл.) vor dem Hotel Kaliningrad.

Blumen

Kein Volk der Erde schenkt so viele Blumen wie die Russen. Blumen, am besten Rosen, bedeuten Dank, gute Wünsche und Sympathie, oft auch Zuneigung, Liebe. Wenn Sie in Rußland Blumen schenken, so muß es immer – anders als bei uns – eine gerade Stückzahl sein. Ungerade Zahlen sind den traurigen Anlässen vorbehalten. Nirgendwo bekommt man sie so frisch wie auf den beiden Blumenmärkten am **Friedensprospekt (Мира пр.)** vor der Luisenkirche und am **Leninprospekt (Ленинский пр.)**, Ecke Bagrationstraße **(ул. Багратиона)**.

Bücher

Deutsch- und englischsprachige Bücher sowie Papierwaren aller Art findet man in folgenden Geschäften:

Ewropa ■ C 2
Leninprospekt 25 **(Ленинский пр.)**
Mo–Sa 10–15 und 16–20, So 10–15 und 16–18 Uhr

Jantarnyj Skaz
Karl-Marx-Str. 18
(ул. Карла-Марк-са)
Mo–Fr 10–14 und 15–19, Sa 10–14 und 15–17 Uhr

Mysl (Мысль) ■ A 1
Friedensprospekt 64 **(Мира пр.)**
Mo–Fr 10–14 und 15–19 Uhr

Keramik

Keramik und russische Folklore-Kleidung sind ebenfalls begehrte Mitbringsel. Ein großes Angebot findet man bei

Keramika ■ B 1/C 1
Uschinskogo 1 **(Ушинского)**
Mo–Sa 10–19 Uhr

Wodka

Russischen Wodka bekommt man an jedem Getränkekiosk, in besonders reicher Auswahl aber in der Proletarskaja 23 **(Пролетарская)**, Mo–Sa 10–19 Uhr. Achten Sie auf die kleine Möwe auf dem Etikett (→ Essen und Trinken, S. 58).

DER BESONDERE TIP

Adamčik & Adamčik Zum Shopping nach Königsberg? Warum nicht? Das elegante Geschäft mit schicker Damen- und Herrenbekleidung lohnt einen Besuch. Es liegt am Schloßteich, nur wenige Schritte vom Hotel »Kaliningrad« entfernt. Die modischen Kleidungsstücke sind nicht einmal besonders teuer. Allerdings nimmt man keine ausländische Währung, Kreditkarten werden ebenfalls nicht akzeptiert. Aber das ist sicher nur eine Frage der Zeit. uliza Schewtschenko **(ул. Шевченко)** Mo–Fr 10–19, Sa 10–14 Uhr ■ D 3

Der Blumenmarkt vor der Luisenkirche zeigt eine große Auswahl

Bernsteinsammeln an Samlands Stränden, Bootsfahren auf dem Haff sowie der Besuch des Puppentheaters in der früheren Luisenkirche begeistern jedes Kind.

Wer mit Kindern reist, ist bei den kinderlieben Russen besonders gern gesehen. Und Beschäftigungsmöglichkeiten gibt es viele: In Königsberg kommt man natürlich um einen Besuch des **Tiergartens** (→ Sehenswertes, S. 48) nicht herum; dort wird immer allerhand geboten: vom Ponyreiten über Elefantendressur bis zur Seehundfütterung. Und wenn die Eltern »ein paar Rubelchen« spendieren, werden die Sprößlinge ins Jungtiergehege gehoben.

Begeisterung löst auch der Besuch des weltbekannten **Puppentheaters** in der Luisenkirche (→ Sehenswertes, S. 39) aus. Um das Spiel der Puppen verfolgen zu können, sind keine russischen Sprachkenntnisse vonnöten. Die hübsche Kirche steht inmitten eines Vergnügungsparks für groß und klein, mit Karussells, Schaukeln und einem Riesenrad.

Raus aus der Stadt

An schönen Tagen fährt alles, was nicht arbeiten muß, mit der Bahn zur See nach **Cranz** (**Selenogradsk**) oder **Rauschen** (**Swetlogorsk**) oder mit dem Auto zum **Frischen Haff** (**Kaliningradskij saliw**). Im See- bzw. Haffwasser läßt es sich herrlich schwimmen, an den weiten Stränden kann man nach Herzenslust Burgen bauen oder spazierengehen. Und wer ein wenig Geduld und gute Augen hat, sucht im feinkörnigen Sand nach kleinen Bernsteinstückchen. Wenn es gestürmt hat, ist die Ausbeute besonders gut. Dann finden Kinder im angespülten Algengestrüpp oft sogar größere Steine. Und wenn es regnet, zaubern sie aus dem gesammelten Bernsteingries mit Hilfe von Holzbrettchen als Unterlage und Leim zum Befestigen hübsche Bilder, über die sich zu Hause Oma und Opa freuen.

Im Inneren des Oblast gibt es zahllose weitere Möglichkeiten, Kinder zu beschäftigen. In fast jedem Fischerdorf kann man ein kleines Boot mieten, mit dem man die Flüsse und Kanäle entlangschippern kann. Wer will, angelt vom Boot aus. Mit Glück erwischt man einen armlangen Aal oder eine fette Rotfeder. Die Eltern können mit einem Fischer die Mitfahrt vereinbaren oder einen Familienausflug per Fischerboot organisieren. Naturfreunde hängen sich das Fernglas um den Hals und streifen durch die Elchreviere.

Wer findet das größte Stück? Bernsteinsuche am Strand von Rauschen

KÖNIGSBERG ERLEBEN

Die Russen feiern gern. Sie kennen tausendundeine Gelegenheit, mit Freunden oder in der Familie zu feiern, und schauen dabei nicht aufs Geld.

Ein runder Geburtstag, ein Berufsjubiläum, eine Beförderung, natürlich auch Heirat und Taufe sind für die meisten Russen willkommener Anlaß, den – gerade in den letzten Jahren – grauen Alltag zu vergessen und gemeinsam mit lieben Menschen fröhlich zu sein. Dabei kommt alles auf den Tisch, was Küche und Keller zu bieten haben. Geld scheint dabei keine Rolle zu spielen, selbst wenn das Fest mehr kostet, als man in einem Jahr verdient. Wichtig ist allein, daß alle glücklich und zufrieden sind.

Rauschende Feste in Städten und Dörfern

Auch die Städte und Dörfer, die Sowchosen und Kolchosen, die Produktionsgenossenschaften und sonstigen Unternehmen haben genügend Anlässe, immer wieder mal ein Fest zu feiern. So begingen die Seestädte Königsberg (Kaliningrad) und Pillau (Baltijsk) im Spätsommer 1996 zusammen mit der ganzen Oblast sehr festlich den 300. Jahrestag der Gründung der russischen Marine durch Zar Peter den Großen. Umzüge, Musik und Tanz, Grill- und Getränkestände belebten das Jubiläum.

Ein farbenprächtiges Fest mit zahlreichen Volkstanzgruppen aus allen Teilen Rußlands, mit Chören und Orchestern, auch mit populären Sängern und Jazzbands leitet am ersten Wochenende des Juni in **Rauschen (Swetlogorsk)** die jährliche **Badesaison** ein. Eine einzige Autokolonne zieht in Richtung Samlandküste, und aus den Waggons der Samlandbahn strömen am Bahnhof Swetlogorsk II (Düne) Tausende fröhlicher Menschen ins Freie. Dann ziehen Düfte von Garküchen durch das Seebad, und das Bier fließt in Strömen.

Am zweiten Sonntag des Juli begehen die russischen Fischer der Samland- und Haffküsten den **Tag der Fischer** mit Musik, Gesang, Tanz und Bootskorso. Neuerdings beteiligt sich auch die russisch-orthodoxe Kirche wieder an dem Fest.

Alljährlich feiert **Pillau (Baltijsk)** am letzten Sonntag im Juli den **Tag der Marine**. Jedermann darf ohne Sondergenehmigung in die sonst verbotenen Teile der Stadt einreisen, um Einheiten der russischen Flotte zu besichtigen. Dann drehen sich Karussells, und der Duft von Bratäpfeln und Ochsen am Spieß durchströmt den Hafen.

Straßenmusikanten in Königsberg

Die Rundfahrt mit dem Bus vermittelt Königsbergbesuchern einen ersten Überblick. Kennenlernen kann man die Stadt und ihre Menschen aber nur zu Fuß.

Ausgangspunkt für diesen interessanten Spaziergang durch die Innenstadt von Königsberg ist das **Hotel Kaliningrad** in unmittelbarer Nähe des einstigen Schlosses. Vor uns ragt die riesige Bauruine des **Hauses der Räte** in den Himmel. Wenige Meter nur sind es von hier zum langgezogenen **Schloßteich**, der sich, von alten Bäumen umrahmt, bis zur **Stadthalle**, dem heutigen Museum für Geschichte und Kunst, erstreckt und weiter im Norden an den Kaskaden endet.

Der Dohnaturm beherbergt eines der bedeutendsten Bernsteinmuseen der Welt. Neben dem Dohnaturm erinnert das **Roßgärter Tor** an die alte Festung Königsberg. Auf der anderen Seite des Schloßteichs geht es südwärts, bis in Höhe der Schloßteichbrücke rechts eine Straße zur **Universität** abbiegt, wo uns das **Kantdenkmal** und das **Museum über die letzten Wochen und Tage der Festung Königsberg** erwartet. Der breite Leninprospekt führt nordwärts am **Mutter-Rußland-Monument** vorbei zum **Platz des Sieges (Pobedy pl.)**, dem Zentrum des modernen Kaliningrad. Hier stehen

Vom Schloßteich zur Luisenkirche

mehrere Vorkriegsbauten, wie das Stadthaus mit der Stadtverwaltung, das ehemalige Amts- und Landgericht (heute Technische Hochschule für Fischereiwesen), das ehemalige Polizeipräsidium (heute Staatssicherheit), der ehemalige Nordbahnhof (künftig ein Mehrzweckbau). Und hinter dem monumentalen Lenindenkmal wächst die neue russische **Kathedrale** gen Himmel.

Vom Pobedyplatz aus führt der **Friedensprospekt (Mira prospekt)** an den bronzenen **Wisentbullen** vorbei zum **Schauspielhaus**, zum **Schillerdenkmal** und schließlich zum **Tiergarten**.

Noch weiter westwärts erreicht man an einer Straßengabelung den Blumenmarkt vor der ehemaligen **Luisenkirche**, in der heute das Puppentheater beheimatet ist. Von hier aus kehren wir über die Theaterstraße und den Leninprospekt zum Hotel Kaliningrad zurück.

Dauer: Die Strecke des Rundgangs ist etwa 10 km lang. Dafür sollte man einschließlich Besichtigungen, Ruhepausen und kleineren Einkäufen vier bis fünf Stunden ansetzen. **Karte:** → Klappe vorne

Mütterchen Rußland in einer Grünanlage beim Platz des Sieges

SEHENSWERTE ORTE UND AUSFLUGSZIELE

Vom Dom zum Südbahnhof

Wieder beginnen wir unseren Spaziergang am besten beim **Hotel Kaliningrad**. Wir überqueren den nördlichen Pregelarm, den Neuen Pregel, auf der über 500 Meter langen Hochbrücke, die einen prächtigen Blick auf den Dom und die ganze Stadt bietet. Von der Hochbrücke führen Treppen zur **Kneiphofinsel** hinab, deren im Krieg vernichtete jahrhundertealte Wohn- und Kaufmannshäuser, Kontore und Speicher eine Grünanlage mit modernen Skulpturen ersetzt hat. Einziges Bauwerk auf dieser Insel ist noch der **Dom**, das letzte, aber besonders markante Wahrzeichen des alten Königsberg. An die Mauer der mächtigen Ruine lehnt sich das Grab des großen deutschen Philosophen Immanuel Kant.

Über die **Honigbrücke** betreten wir die **Lomse**, die große Pregelinsel, folgen der **uliza Oktjabrskaja** (früher **Lindenstraße**) in südlicher Richtung, überqueren bei dem **Brückenzollhäuschen** den Alten Pregel und streben über die **Bogdana Chmelnizkogo** (früher **Oberhaberberg**) der ehemaligen katholischen **Kirche zur Heiligen Familie** zu. Diese Kirche, wohl die schönste der ganzen Stadt, dient, heute liebevoll restauriert, als Orgelhalle der Kaliningrader Philharmonie. In dem kleinen Café/ Restaurant in der früheren Krypta kann man vorzüglich speisen. Moderne hohe Wohnbauten, die zum Teil architektonisch recht reizvoll gestaltet sind, umgeben die Orgel-

halle auf dem Oberhaberberg. Wir wenden uns nun westwärts zum **Leninprospekt**, der beim großen Busbahnhof neben dem **Südpark**, dem heutigen »Komsomolzen-Park« und beliebtesten Naherholungsgebiet der Kaliningrader, endet. (Komsomolzen nannten sich die Angehörigen der kommunistischen Jugendorganisation in der Sowjetunion.) Den weiträumigen **Kalininplatz** beherrscht das monumentale Standbild des Namensgebers der Stadt: Michail Iwanowitsch Kalinin. Den Platz begrenzt der vollständig erhaltene **Südbahnhof**, der einstige Hauptbahnhof von Königsberg.

Wir kehren zum **Leninprospekt** zurück, treffen nahe der Bagrationstraße auf einen Blumenmarkt und schauen in das Juweliergeschäft **Rubin** (Leninprospekt 40) mit seiner Fülle von Bernsteinschmuck und anderen Pretiosen. An der **Alten Börse** erreichen wir wieder die große Pregelbrücke, über die wir zum Hotel Kaliningrad zurückkehren, wo wir uns bei einem köstlichen Importbier oder einem Kännchen Kaffee erholen können.

Dauer: Die Strecke des Rundgangs ist etwa 7 km lang, dafür sollte man einschließlich Besichtigungen, Ruhepausen und kleineren Einkäufen drei bis vier Stunden ansetzen.
Karte: → Klappe vorne

Trotz Umwälzungen im einstigen Sowjetreich: Lenin steht noch auf seinem Sockel

Dunkle Wälder und stille Moore, weite Strände und hohe Dünen sowie malerische Dörfer bestimmen den Charakter dieses herrlichen Landes.

Es ist gleich, ob man mit dem eigenen Wagen oder einem Taxi, mühsam mit dem Linienbus oder der Eisenbahn das »Land des Bernsteins und der Störche«, das »Land der dunklen Wälder« durchstreift, tiefer wird das Land erst der erleben, der es mit dem Fahrrad, hoch zu Roß oder zu Fuß erkundet. Zwar gibt es noch keine ausgeschilderten und sorgsam gepflegten Wanderwege, Wanderkarten stammen nur aus deutscher Zeit, aber wer nicht gerade in die Weiten des **Großen Moosbruches** (Bolschoj Mocho-woje boloto), des **Aderwalder Moores** (boloto Mitschurinskoje) oder des Frisching Forstes (Oserskij les) vordringt, kommt immer ans Ziel.

Man muß wissen, daß das nördliche Ostpreußen, bevor der Mensch es mühsam zu Acker und Weideland kultivierte, eine einzige große Wildnis mit zahllosen Mooren war, die es den Rittern des Deutschen Ordens außerhalb der frostreichen Wintermonate schwer machte, das Land in Besitz zu nehmen. Mit raffinierten Entwässerungsme-

Urwüchsige Landschaften findet man entlang dem Lauf der Pregel

thoden gelang es dann den ersten Siedlern, die Sümpfe in Kulturboden zu verwandeln. In den letzten 50 Jahren kümmerte sich niemand um die Erhaltung der Dränagen, der Sperr- und Wasserwerke, so daß die Anlagen verkamen und das völlig ebene abflußarme Land langsam, aber unaufhörlich in den vermoorten Urzustand zurückfiel. Was den einen ärgert, erfreut oft den anderen. So tauchen wieder Pflanzen und auch Tiere auf, von denen man glaubte, sie seien seit Jahrhunderten ausgestorben. Und noch nie nisteten hier so viele Störche wie in den letzten Jahren. Für Wanderer, für Naturfreunde ist das eine einzigartige Gelegenheit, eine Landschaft in ihrem ursprünglichen Zustand zu erleben, auch wenn das viele ehemalige Ostpreußen traurig stimmt.

Mit dem Fischerboot durch die Oblast

Wundervolle Ausflüge auf das **Frische und Kurische Haff** veranstalten freundliche Fischer in fast allen Häfen der Oblast, in Brandenburg (**Uschakowo**), Postnicken (**Saliwnoje**), Gilge (**Matrosowo**), Sarkau (**Lesnoj**), Rossitten (**Rybatschij**) und anderen Fischerorten. Sehr zögernd setzt auch im Hafen von Cranz (**Selenogradsk**), im früheren Cranzbeek, in der Hochsaison der Ausflugsverkehr mit Fischerbooten über das Kurische Haff zum Nationalparkmuseum in Sarkau (**Lesnoj**) und zur Vogelwarte Rossitten (**Rybatschij**) ein.

Ausgangspunkt aller im folgenden beschriebenen Touren ist Kaliningrad. Jeder der beschriebenen Ausflüge dauert mindestens einen Tag.

Viele Fischer verdienen sich ein Zubrot durch Ausflugsfahrten auf das Haff

Rund um das Samland

Das Samland (Semlandskij poluostrow) ist eine rund 75 Kilometer lange und 30 Kilometer breite Halbinsel zwischen dem Kurischen Haff (**Kurschskij saliw**) und dem Frischen Haff (**Kaliningradskij saliw**). Das Gebiet ist überwiegend eben und erreicht nur im westlichen Teil Höhen zwischen 90 und 110 Metern. Im Westen und Norden fällt die bis 60 Meter hohe Bernsteinküste steil zur Ostsee, dem Baltischen Meer (**Baltijskoje more**), ab.

Von Kaliningrad aus folgt die neuerdings gut ausgebaute A 193 der »Straße des Todes« nach **Baltijsk** (Pillau). Hier flüchteten zwischen Januar und April 1945 über 600 000 Ostpreußen und verwundete deutsche Soldaten vor der Roten Armee zu den vor Pillau ankernden Schiffen.

20 Kilometer westlich von Kaliningrad liegt vor **Ischewskoje** (Widitten), einer modernen Siedlung an der Stelle eines alten Fischerdorfes, die Viermastbark »Krusenstern«, ein prächtiges Segelschiff, das 1926 als letzter großer Frachtsegler der Weltgeschichte unter dem Namen »Padua« in Wesermünde vom Stapel lief. Das Schiff wird heute von der russischen Marine zur Ausbildung des Offiziersnachwuchses eingesetzt. Von September 1995 bis August 1996 führte die »Krusenstern« anläßlich des 300. Jubiläums der Russischen Flotte eine Weltumseglung durch. Der in Estland geborene Admiral Adam Johannes von Krusenstern (1770 bis 1846) leitete von 1803 bis 1806 die erste russische Umseglung der Erdkugel.

Hermann Bracherts »Nymphe« (1938) am Strand von Rauschen

Eine fünf Kilometer lange Nebenstraße führt in die moderne 25 000-Einwohner-Stadt **Swetlyj**, das frühere Haffischerdorf **Zimmerbude**, unmittelbar am Königsberger Seekanal (**Kaliningradskij kanal**). In Swetlyj betreiben die Russen das größte Hochsee-Fischereikombinat der Oblast mit Fangflotte, Konservenfabrik und Großräucherei. Zwölf Kilometer weiter folgt **Primorsk**, die ehemalige Kreisstadt **Fischhausen**, die im April 1945 vollständig zerstört wurde. Nur der Bahnhof und der Wasserturm blieben erhalten. 1996 wurde hier ein deutscher Soldatenfriedhof angelegt.

Baltijsk steht ganz im Zeichen der Marine

In der äußersten Südwestecke Samlands, am Ausgang des Frischen Haffs zur Ostsee, liegt die Hafenstadt **Baltijsk** (**Pillau**), eine bis vor kurzem sogar für die Russen ohne Sondergenehmigung gesperrte Stadt, denn Baltijsk ist der wichtigste Stützpunkt der russischen Flotte in der Ostsee. Seit 1995 dürfen westliche Touristen mit Ausnahme einiger auch weiterhin gesperrten Hafenbereiche die Stadt wieder betreten. Bei der 29 000-Einwohner-Stadt endet bzw. beginnt der 42,5 Kilometer lange Königsberger Seekanal, eine durch Molen geschützte Fahrrinne von 6,5 Meter Tiefe. Diesen Kanal können nur Schiffe befahren, die weniger als 10 000 Tonnen Wasserverdrängung ha-

ben. Für die heute erheblich größeren Überseeschiffe ist in Baltijsk der Bau eines neuen Tiefwasserhafens geplant.

Sehenswert sind in Baltijsk die 1720 geweihte evangelische **Garnisonskirche**, die in der Sowjetzeit als Kino überdauerte und heute von der russisch-orthodoxen Gemeinde als »Kirche des hl. Georg von der See« genutzt wird. Gruppen können auch die 116 Stufen des modernisierten **Leuchtturms** von 1813 emporklettern, um den herrlichen Rundblick über Haff, Hafen und Stadt zu genießen. In Pillau begann 1679 die deutsche Flottengeschichte, denn in der rund 50 Jahre zuvor von König Gustav Adolf von Schweden befestigten Stadt leitete der Große Kurfürst den Aufbau einer brandenburg-preußischen Flotte ein. Vor dem Leuchtturm stand sein Denkmal, das nach dem Krieg seinen neuen Platz in Pillaus Patenstadt Eckernförde fand. Auf dem Denkmalsockel, den die Russen vor die Verwaltung von Baltijsk rückten, steht heute Lenin. In Baltijsk findet der Besucher noch weitere Gebäude aus deutscher Zeit: das Amtsgericht, das ein Marinemuseum wird, die Oberschule für Jungen, heute ein Militärlazarett, die reformierte Kirche, heute ein orthodoxes Gotteshaus, das Offizierskasino, heute Haus der Kultur, sowie die Zitadelle von 1632, heute Sitz einer Nachrichtenabteilung der russischen Flotte. 1996 legten der Metropolit von Smolensk und Kaliningrad und der Bischof von Bal-

Endlose Strände laden zu langen Ufer-Spaziergängen ein

tijsk den Grundstein zu einer Meereskathedrale zu Ehren der hl. Osigidrija. Falls Sie Baltijsk nicht im Rahmen einer Rundfahrt durch das Samland erkunden wollen, ist die schönste Art der Anreise die mit dem Tragflügelboot von Kalinin-grad aus.

In dem Dorf **Russkoje (Germau)**, 26 Kilometer nördlich von Baltijsk, richtete der Volksbund deutsche Kriegsgräberfürsorge 1995 neben den Mauerresten der zerschossenen Pfarrkirche den größten deutschen **Soldatenfriedhof** in der Oblast ein. Im 13. Jahrhundert erhob sich an dieser Stelle die mächtige Prussenburg Girmowe, die der Deutsche Orden nicht bezwingen konnte. 1581 nahmen im nun deutschen Germau der preußische Bernsteinmeister und das Bernsteinamt seinen Sitz, 1644 folgte das Bernsteingericht.

Mittelpunkt der berühmten »Bernsteinküste« ist **Jantarnyj (Palmnicken)** mit der einzigen Bernsteinmine der Welt. Jantarnyj (der Name leitet sich von jantar = Bernstein ab) liegt 45 Kilometer westlich von Kaliningrad und 34 Kilometer nördlich von Baltijsk. Zur Besichtigung des riesigen Tagebaus und des kleinen Museums sollte man sich einer Gruppe anschließen, da nur Führungen vorgesehen sind. Sehenswert ist außer der Mine die gegen Ende des 19. Jahrhunderts aus Feldsteinbrocken erbaute Pfarrkirche, die seit 1991 sorgsam restauriert wurde und nun der russisch-orthodoxen Gemeinde dient.

Beliebtes Seebad Swetlogorsk (Rauschen)

Swetlogorsk (Rauschen) ist heute das schönste und lebendigste Seebad der Oblast. Die Graphikerin Käthe Kollwitz besaß in Rauschen ein Sommerhaus, und der Schriftsteller Thomas Mann verlebte hier 1929 mit der Familie die Sommerferien. Heute erholen und vergnügen sich in dem Ort mit 8000 Einwohnern in der Hauptsaison bis zu 50 000 Badegäste täglich, die hier logieren oder dem Auto oder dem Nahverkehrszug binnen einer Stunde aus dem 40 Kilometer entfernten Kaliningrad anreisen. Nicht alle Gäste bevölkern den Strand, viele wandern durch die umliegenden Wälder und Heiden oder promenieren durch die Alleen des Ortes.

Die Ritter vom Deutschen Orden gaben der alten Prussensiedlung »Rusemoter« im 13. Jahrhundert den Namen »Rauschen«, stauten den Katzbach an und betrieben hier die größte Mühle des Samlandes; der angestaute Katzbach ist heute ein beliebter Gondelteich. Im Jahre 1900 fuhr die erste Eisenbahn nach Rauschen, 1906 wurde die Strecke bis zur Düne vor dem Strand verlängert (heute Swetlogorsk II). Wie in vielen anderen Orten des Königsberger Gebietes scheint auch hier die Zeit stehengeblieben zu sein, bis auf einige Sanatorien, die die Sowjets bauten, und mehrere Villen, die in neuester Zeit entstanden.

Swetlogorsk – der Name »Rauschen« ist hier im Hinblick auf die vielen deutschen Gäste ebenso bekannt – bietet zahlreiche Sehenswürdigkeiten, so das wunderschöne **Jugendstil-Warmbad**, das sogar eine russische Briefmarke ziert, und die wundervolle Wasserträgerin, eine marmorne Brunnenfigur des Bildhauers Hermann Brachert. Eine mosaikgeschmückte Paradetreppe führt zum Strand hinunter, wo eine Sonnenuhr den Beginn der Promenade markiert. Die liebevoll restaurierte evangelische Kirche gehört heute der russisch-orthodoxen Gemeinde; die malerische katholische Fachwerkkirche wurde zum Kammerkonzertsaal umgestaltet und erhielt 1994 eine deutsche Orgel. Regelmäßig finden in der Kirche Konzerte statt, zu denen Solisten von der Moskauer und St. Petersburger Philharmonie anreisen.

Der Nachbarort **Otradnoje (Georgenswalde)** westlich von Swetlogorsk ist ein kleines Seebad mitten im Walde. Hier wurde 1990 in der uliza Tokarew 7 das Atelier und Wohnhaus des Bildhauers Hermann Brachert (1890–1972) in eine kleine, aber überaus informative Gedenkstätte umgewandelt. Brachert wurde durch seine Porträtsbüste von Salvator Dalí, der einzigen, die der spanische Maler von sich machen ließ, international bekannt. Täglich außer Montag von 10 bis 17 Uhr geöffnet.

Gut erhalten: der früher mondäne Kurort Selenogradsk

Selenogradsk (Cranz), 30 Kilometer nördlich von Kaliningrad am Zugang zur Kurischen Nehrung gelegen, zählt 11 300 Einwohner, ist aber in seiner Beliebtheit als Seebad hinter Swet-

DER BESONDERE TIP

Besuch der Bernsteinmine Palmnicken Der Ort, an dem 94 Prozent der Weltproduktion von Bernstein gefördert werden, heißt heute Jantarnyj (aus Bernstein). Vor 40 bis 55 Millionen Jahren führte ein ungewöhnlicher Temperaturanstieg zum Austropfen des Harzes aus den Kiefernwäldern Skandinaviens. Das Harz verhärtete und wurde als Bernstein an die Samlandküste gespült. Vor 4000 Jahren begannen die Griechen, den glänzenden Bernstein, die »Tränen der Töchter des Sonnengottes Helios«, zu Schmuck zu verarbeiten. Schließen Sie sich einer Gruppe an, die eine Besichtigung des örtlichen Museums und des riesigen Grubengeländes durchführt. Allein ist es fast unmöglich, eine Besichtigungsgenehmigung und einen Termin zu erhalten.

logorsk zurückgefallen. Cranz (vom prussischen »krantas« = Küste), seit dem 13. Jahrhundert ein Fischerdorf, war einst das mondäne Hausbad der Königsberger. Schon 1816 erhielt Cranz den Titel »Königliches Seebad« und führt heute stolz die Bezeichnung Kurort, ein deutsches Wort, das durch Cranz in die russische Sprache eingegangen ist. Die meisten Gebäude des Seebades haben die Kriegs- und Nachkriegsjahre relativ gut überstanden, nur die schönen alten Villen längs der Seepromenade sind fast alle verschwunden. Geblieben sind die **Pfarrkirche St. Adalbert** von 1897, über Jahrzehnte als Turnhalle genutzt, heute Gotteshaus der russisch-orthodoxen Gemeinde, der alte **Wasserturm**, heute ein Restaurant, und das Krankenhaus von 1906.

Über Gurjewsk zurück nach Kaliningrad

Gurjewsk (Neuhausen), ein Städtchen mit 8400 Einwohnern elf Kilometer nordöstlich von Kaliningrad, war seit dem 13. Jahrhundert Sommerresidenz der samländischen Bischöfe. Ab 1550 gehörte Schloß Neuhausen den Herzogen, später den Königen von Preußen. Vom Schloß ist heute nicht mehr viel zu sehen. Liebevoll hat die neuapostolische Gemeinde der Oblast ihr sakrales Zentrum restauriert, die frühere evangelische Pfarrkirche aus dem 14. Jahrhundert.

Karte: → Umschlag Rückseite

Hotels

Baltijskaja Korona (Baltische Krone)
1996 eröffnetes Drei-Sterne-Hotel mit Restaurant, Café, Bar, Sauna und Konferenzräumen.
ul. Wolodarskij 1
Selenogradsk (Cranz)
Tel. 0 11 50/3 24 90
100 m vom Strand enfernt
24 Zimmer (erster Bauabschnitt)
Obere Preisklasse

Rauschen
Ordentliche Zimmer und deutschsprachiger Service. Gutes, durchgehend geöffnetes Restaurant.
Nowaja 2
Swetlogorsk (Rauschen)
Tel. 01 12/3 37 29 und 21 83 26,
Fax 27 39 75
54 Zimmer
Mittlere Preisklasse

Rus
1996 eröffnetes erstes Vier-Sterne-Hotel der Oblast, mit Restaurants, Cafés, Bars, Konferenzräumen, Sauna und Massageräumen.
ul. Weretschagin 8
Swetlogorsk (Rauschen)
200 m vom Strand entfernt am Ostrand des Seebades
43 Zimmer (erster Bauabschnitt)
Obere Preisklasse

Essen und Trinken

Lame Horse
Oktjabrskaja 23
Swetlogorsk (Rauschen)
Tgl. 12–3 Uhr
Mittlere Preisklasse

Seestern
Seepromenade
Swetlogorsk (Rauschen)
Tgl. 10–23 Uhr
Obere Preisklasse

Zur Kurischen Nehrung mit einem Abstecher nach Klaipėda (Memel)

Der Weg zur Kurischen Nehrung (**Kurschskaja kosa**) führt von Kaliningrad aus über die A 191 an Selenogradsk (Cranz) vorbei. Die Kurische Nehrung zählt zu den schönsten und interessantesten Landschaften Europas. Hier gibt es einsame Kiefernforste und sumpfige Niederungen, in denen immer häufiger Elche anzutreffen sind, endlose feinsandige Strände und die höchsten Dünen des Kontinents.

Die Nehrung steht unter Naturschutz

Die Kurische Nehrung ist eine 98 Kilometer lange und bis zu 3,8 Kilometer breite Landzunge, die das Kurische Haff (**Kurschskij saliw**) vom Baltischen Meer (**Baltijskoje more**) trennt. Vor etwa 5000 Jahren verbanden Meer und Wind die aus dem Wasser ragenden Endmoränenhügel der Eiszeit mit Sand zu dem Dünengürtel, der sich vom Samland bis zum Memelland erstreckt. Der Memelfluß sorgte dafür, daß am Nordende des Haffs eine Verbindung zur See, das »Memeler Tief«, erhalten blieb. Um die ständig ostwärts wandernden Dünen zu festigen, begann man 1825, die Dünen zu bepflanzen.

Die Kurische Nehrung ist heute, wie schon zwischen 1919 und 1939, zweigeteilt. Die nördliche Hälfte gehört zu Litauen, die südliche zu Rußland (**Kaliningradskij Oblast**). Die Grenze verläuft zwischen **Morskoje** (**Pillkoppen**) und **Nida** (**Nidden**). Für den Grenzübergang benötigen Touristen aus dem Westen ein Visum. Die Abfertigung an der Grenze dauert etwa 30 Minuten. Die Beamten sind höflich und korrekt, sofern man ihre Arbeitsweise nicht kritisiert. Die gesamte Nehrung steht unter Naturschutz und wurde 1987 durch sowjetisches Gesetz zum Nationalpark be-

TOP TEN 9

Die berühmte Vogelwarte von Rossitten

Im Kurischen Haff sind Boote das wichtigste Verkehrsmittel

**Die Kurische
Nehrung**

0 ——————— 15 km

Ostsee

Kurschskaja kosa (Kurische Nehrung)

*Kurschskij saliw
(Kurisches Haff)*

Legend:

A1	Autobahn
A229	Fernverkehrsstraße
	Nebenstraße
	Zur Kurischen Nehrung mit einem Abstecher nach Klaipéda (Memel)
9	Top Ten
✈	Flughafen
♣	Nationalpark
	Sumpf

Lettland

Liepāja

Šiauliai

Palanga

Ostsee

Klaipéda

Litauen

Sowjetsk

Kaunaso

Kaliningr. Oblast

Kaliningrad (Königsberg)

Tschernjachowsk

Marijampolė

Elblag

Polen

Suwałki

Olsztyn

BY

**Klaipéda
(Memel)**

A1

Gargždai

Smiltynė
(Sandkrug)

Minija (Minge)

Mickai

LITAUEN

Priekule
(Prökuls)

*Raganų kalnas
(Hexenberg)*

Juodkrantė
(Schwarzort)

Sakučiai

Pervalka
(Perwelk)

Rugaliai

Preila (Preil)

Venté
(Windenburg)

Minija
(Minge)

Nida (Nidden)

Rusne
(Ruß)

Hohe Düne

Morskoje
(Pillkoppen)

*Tschernaja gora
(Schwarzer Berg)*

Ryba

Prochladnoje

Rybatschij
(Rossitten)

Matrosowo
(Gilge)

Rasino

Lesnoj
(Sarkau)

*Bolschoj
Mochowoje
boloto
(Gr. Moosbruch)*

Selenogradsk
(Cranz)

A 192

Kaschirskoje

Saliwnoje
(Postnicken)

Polessk
(Labiau)

Muromskoje

A 191

Chrabrowo
(Powunden)

Uslowoje

A 190

Sosnowka
(Groß Baum/
Augstagirren)

Sosnowka

Petrowo

Gurjewsk
(Neuhausen)

Dobrino

Deima (Deime)

Lesnoje

**Kaliningrad
(Königsberg)**

Slawinsk

Jerschowo

Malinowka

A 194

Laskino

Lesnoj

A 196

Komsomolsk
(Löwenhagen)

Gwardejsk
(Tapiau)

A 229

Pregolja (Pregel)

Snamensk
(Wehlau)

Kuršių nerija (Kurische Nehrung)

stimmt, das heißt, der Besucher hat sich hier so umsichtig und rücksichtsvoll zu verhalten wie in jedem anderen Nationalpark.

Elf Kilometer hinter Selenogradsk (Cranz) liegt die kleine Sommerfrische **Lesnoj** (**Sarkau**), wo man das **Museum des Kurischen Nationalparks** besuchen sollte. In dem modernen Museumsbau, den sich vor Jahren der Parteichef der Oblast als Sommersitz errichten ließ, dann aber in Ungnade fiel, hat das Swetlogorsker Hotel »Rauschen« 1996 ein Restaurant eröffnet.

Zur Vogelwarte Rossitten

Nach weiteren 23 Kilometern erreicht man das kleine Seebad **Rybatschij** (**Rossitten**) mit Fischerhafen und der weltbekannten Vogelwarte. Hier begann der Pfarrer Johannes Thienemann an der Wende zum 20. Jahrhundert, den Vogelzug zu beobachten. Er fing einzelne Vögel ein und beringte sie mit beschrifteten Metallstreifen. Und schon bald erhielt er Nachricht aus Afrika und traf auch einige »Heimkehrer« wieder. Die Deutsche Ornithologische Gesellschaft gründete daraufhin 1903 eine Vogelwarte, die wenig später der Kaiser-Wilhelm-Gesellschaft zur Förderung der Wissenschaften (heute Max-Planck-Gesellschaft) unterstellt wurde und in der man 1936 bereits 200 000 Zugvögel beringte. 1944 mußte die Warte aufgegeben werden, 1956 führte die sowjetische Akademie der Wissenschaften die Forschungen fort.

Wem eine Führung durch Museum und Fanganlage nicht genügt, kann in der Zeit der Vogelzüge beim Wiegen, Messen und Beringen der Vögel mithelfen. Und wer mehr über Thienemann und die Vogelwarte erfahren möchte, dem sei Thienemanns Buch »Rossitten: Drei Jahrzehnte auf der Kurischen Nehrung« empfohlen, eine köstliche Lektüre.

Die hohen Dünen nördlich von Rybatschij wurden nach dem Ersten Weltkrieg ein ideales Übungsgelände für Segelflieger. Von hier aus gelangen mehrere Weltrekorde im Dauerfliegen. Der fast 60 Meter hohe **Schwarze Berg** (**Tschernaja gora**) mit seiner wundervollen Rundsicht bis zu dem kleinen Fischerdorf Morskoje (Pillkoppen) ist heutzutage das Wanderziel fast aller Besuchergruppen. Von Morskoje sind es noch sechs Kilometer bis zur russisch-litauischen Grenze.

Nidden (Nida): auf den Spuren von Thomas Mann

Vier Kilometer jenseits der Grenze liegt Nida (Nidden), Hauptort und Herz der Kurischen Nehrung (litauisch **Kuršių nerija**). Nida (2000 Einwohner) ist zugleich der Verwaltungssitz der Stadt Neringa, die sich aus allen litauischen Nehrungsorten zusammensetzt. Es ist ein so schöner Ort in einer so schönen Umgebung, daß sich schon Thomas Mann hier ein komfortables Sommerhaus baute, mit dem berühmten »Italienblick« auf das blaue Haff und die bunten Fischerhäuser. Das Sommerhaus, in dem der Nobelpreisträger 1930 bis 1932 wohnte und in dem er seine »Joseph«-Tetralogie verfaßte, ist heute eine kleine, aber vielbesuchte Gedenkstätte.

Einen Besuch sollte man auch der neogotischen **Pfarrkirche** abstatten, die 1992 mit Spenden ehemaliger deutscher Niddener restauriert wurde. Interessant ist der benachbarte **Alte Friedhof** mit den originellen kurischen Grabtafeln. Liebevoll restauriert wurden in Nida 52 Fischerhäuser aus dem 18. und 19. Jahrhundert, darunter ein typisches **Kurenhaus**, das heute ein Ethnographisches Museum beherbergt. Im Hafen liegen nicht nur moderne Yachten, sondern auch ein originaler Kurenkahn. Unbeschreiblich schön sind Wanderungen ins **Elchrevier** im Norden oder durch das **Tal des Schweigens** auf die **Hohe Düne** im Süden des Ortes, die mit 70 Metern höchste Düne Europas. Von Nida aus fahren Ausflugsboote quer übers Haff zur litauischen Vogelwarte **Ventė** (**Windenburg**) und zum malerischen Fischerdorf **Minija** (**Minge**), das sich zu einer internationalen Künstlerkolonie entwickelt hat.

Von der alten Poststraße, die einst Königsberg mit der Stadt Memel verband und heute als schmales Asphaltband die Nehrung durchzieht, zweigt ungefähr auf halber Höhe der Nehrung eine Stichstraße nach **Pervalka** (**Perwelk**) ab, einer Sommerfrische mit alten Fischerhäusern und zahlreichen modernen Pensionen. Auf einer Düne vor Pervalka ragt die eichene Skulptur des Dichters, Gelehrten und Liedersammlers Ludwig Rhesa (1776–1840) empor, ein Werk des Nidaer Künstlers Eduardas Jonušas. Karwaiten, der nahe Heimatort Rhesas, wurde im Jahre 1797 unter den Wanderdünen begraben.

Perle der Kurischen Nehrung: Schwarzort (Juodkrantė)

Juodkrantė (Schwarzort) nördlich von Pervalka wurde schon im Jahre 1429 in einer Wegbeschreibung des Deutschen Ordens erwähnt. 1673 eröffnete »am schwarzen Ort« (schwarz wie die schützenden Kiefern, die den Ort umstehen) eine Schenke für die Fischer und Reisenden. Gegen Ende des 19. Jahrhunderts war Schwarzort bereits eine beliebte Sommerfrische. Die stattliche evangelische Kirche von 1885 restaurierten ehemalige Schwarzorter in den Jahren 1992 bis 1996 für die neue litauisch-katholische Gemeinde. Berühmt wurde der **Raganų kalnas**, der Hexenberg, als die besten Holzschnitzer Litauens 1979/1980 die sagenumwobene Düne mit 82 bizarren Holzplastiken, mit Hexen und Teufeln aller Art, schmückten.

In **Smiltynė** (**Sandkrug**) endet die Nehrung. In dem ehemaligen Wilhelmsfort, das 1866 an der Einfahrt in den Memeler Hafen an der Stelle einer älteren Festung erbaut wurde, entstand 1979 ein Meeresmuseum. Zwei

Dieser alte Kurenkahn kreuzt vor Nidden (Nida)

Symbol für die deutsche Kultur
im Baltikum: Aennchen von Tharau
in Klaipėda

Autofähren verbinden Smiltynė
mit der Stadt Klaipėda. Sie verkehren stündlich, im Sommer
auch halbstündlich und brauchen
für die einen Kilometer lange
Strecke zehn Minuten.

Lohnend: die schöne Altstadt von Klaipėda (Memel)

Klaipėda (Memel) ist mit fast
210 000 Einwohnern die drittgrößte Stadt Litauens. Zu Beginn
des 13. Jahrhunderts eroberte
der deutsche Schwertbrüderor-
den von Kurland aus die sche-
maitische Burg an der Mündung
der Dange (Danė) in das Kurische
Haff und baute sie als »Mum-
melburg« vergrößert wieder auf.
Neben der Burg entstand die
Siedlung »Mummel« oder »Memel«, die bereits 1258 das Lü-
becker Stadtrecht erhielt. Bis
auf einige Truppenbesetzungen
blieb die Stadt Memel bis 1919
deutsch, kam nach einem litauischen Zwischenspiel im März
1939 an das Deutsche Reich
zurück und ging 1945 endgültig
verloren. Memel, nun Bezirks-
hauptstadt der Litauischen Sozia-
listischen Sowjetrepublik, hieß
fortan Klaipėda und gehört seit
1990 zur unabhängigen Republik
Litauen.

Klaipėda (Memel) besitzt Sehenswürdigkeiten, die auch einen mehrtägigen Besuch lohnen:

Der **Theaterplatz** ist der Mittelpunkt der malerischen Altstadt,
die trotz der schweren Kämpfe
1944/1945 ihre alte Schönheit bewahren konnte. Hier steht das
klassizistische **Theater**, ein Bau
im Stil des Weimarer Schauspielhauses. 1982 erhielt es einen
modernen, aber sorgsam auf die
Umgebung abgestimmten An-
bau. 1989 wurde vor dem Theater der bezaubernde **Brunnen**
erneuert, der an den Memeler
Dichter und Professor an der
Königsberger Universität Simon
Dach (1605–1659) erinnert, den
Verfasser des bekannten Volks-
liedes »Ännchen von Tharau«.
Nach einer Weise des Königsberger Domorganisten Heinrich
Albert erklang das Lied erstmals
1636 beim Kerzentanz auf der
Hochzeit der Pfarrerstochter Anna Neander mit dem deutsch-
litauischen Pfarrer Johannes Partatius. Anna Neander, das »Ännchen von Tharau«, wurde 1619 in
Tharau bei Königsberg (→ S. 110)

92

geboren, überlebte drei Ehemänner, allesamt Pfarrer, und starb 1689 in Insterburg (→ S. 102). Johann Gottfried Herder (1744–1803) gab dem Lied seine hochdeutsche Fassung, Philipp Friedrich Silcher (1789–1860) komponierte die schwermütige Melodie, die heute jeden Besucher von Memel begleitet.

Wundervolle Bürgerhäuser im norddeutschen Fachwerkstil, mächtige Salzspeicher, die **Alte Post** von 1800 in der Aukštoji gatvė, die **Grüne Apotheke** von 1677 in der Tiltų gatvė, sie alle vereinigen sich zu einem pittoresken Stadtbild. Das **Schmiedemuseum** in der Šaltkalvių gatvė zeigt Kunsthandwerk aus dem

Memelland, das **Klein-Litauen-Museum** (früher nannte man das Memelgebiet »Klein Litauen«) in der Didžioji vandens gatvė bewahrt eine Sammlung memelländischer Volkskunst: Volkstrachten und Einrichtungsgegenstände.

Durch die Neusadt

Nicht weniger interessant als die Altstadt ist Klaipėdas **Neustadt** jenseits des Dangeflusses (Danė). Da erhebt sich nahe der Ufermauer das klassizistische **Rathaus**, ursprünglich der Wohnsitz eines Memeler Kaufmanns. 1807/1808 wohnte hier die preußische Königsfamilie: König Friedrich Wilhelm III. und seine Gemahlin Königin Luise. Auf einem Granitfelsen am Ufer oberhalb einer Kaskade steht vor dem Rathaus der bronzene »Fischer«. Er ersetzte 1971 eine imposante »Borussia«, die hier bis 1945 als Personifizierung Preußens die Stadt behütete. Das repräsentative Hotel »Klaipėda« trat 1985 an die Stelle der alten Feuerwehr.

Die Prachtstraße von Klaipėda (Memel) ist noch immer die **Liepų gatvė** (Lindenstraße). Das frühere Haus des dänischen Konsuls ist heute ein historisches Klein-Litauen-Museum mit entsprechenden Exponaten.

Ein neoklassizistisches Bankhaus beherbergt ein **Uhrenmuseum**, das man unbedingt besuchen sollte. Die Pläne für das Hauptpostamt von 1893, einen neogotischen Backsteinbau mit reizvoller Jugendstil-Schalterhalle, waren von Kaiser Wilhelm II. höchstpersönlich genehmigt worden. Um 12 Uhr täglich erklingt vom 42 Meter hohen Glockenturm der Post die Ännchen-von-Tharau-Melodie. 1987 hatte die Thüringer Glockengießerei zu Apolda das Glockenspiel eingebaut.

Aus rosafarbenem Granit besteht das 1973 enthüllte Denkmal für Kristijonas Donelaitis (1714–1780), den Klassiker der litauischen Literatur. Eine ganz besondere Sehenswürdigkeit stellt die **Gemäldegalerie** der Stadt dar, eine der größten und bedeutendsten Kunstsammlungen Litauens mit Werken deutscher, niederländischer, französischer und italienischer Meister des 17. bis 19. Jahrhunderts sowie Arbeiten russischer und litauischer Maler und Bildhauer der jüngeren Vergangenheit und der Gegenwart. Der **deutsche Zentralfriedhof** ein Stück weiter ist heute ein überraschend interessanter Skulpturenpark, ein Freilichtmuseum moderner Kunst. Leider fallen die Kunstwerke zunehmend dem Vandalismus unserer Zeit zum Opfer. Die Grabsteine des deutschen Friedhofs wurden 1977 entfernt; an den alten Gottesacker erinnert nur noch eine Steinplatte mit deutscher und litauischer Inschrift.

Karte: → S. 88

Hotels

Jūratė
Hotelanlage nahe dem Hafen. Im Vorgängerbau des Kastytis-Hauses, das bis 1945 den Namen »Zur Königin Luise« trug, logierte die preußische Königin für eine Nacht des Jahres 1807 auf ihrer Flucht vor den französischen Truppen; hier soll sie Goethes Vers »Wer nie sein Brot mit Tränen aß« an die Wand geschrieben haben.
Pamario gatvė 3, Nida
Tel. 3 70 59/5 26 18 und 5 26 19, Fax 5 11 18
250 Zimmer
Mittlere Preisklasse

Klaipėda
Aus sowjetischer Zeit (1985) stammendes empfehlenswertes Hotel im Stadtkern nahe der Altstadt.
Naujoji sodo gatvė 1, Klaipėda
Tel. 37 06/21 69 71 Fax 25 39 11
225 Zimmer, 11 Suiten
Obere Preisklasse

Essen und Trinken

Ešerinė
Restaurant mit Haffblick und traditioneller litauischer Küche.
Naglių gatvė 2, Nida
Tel. 3 70 59/5 27 57
Tgl. 11–16 und 17–23 Uhr
Mittlere Preisklasse

Linas Baras
Gutes Essen auf der Terrasse und in den gemütlichen Kellerräumen.
Naujoji sodo gatvė 3, gegenüber dem Hotel »Klaipėda«
Klaipėda
Tel. 21 99 62
Tgl. 11–24 Uhr
Mittlere Preisklasse

Vokiečių Baras (Deutscher Club)
Gepflegtes Essen bei Kerzenlicht und Live-Musik.
Daukanto gatvė 24, Klaipėda
Tel. 21 79 79
Tgl. 10–24 Uhr
Obere Preisklasse

Die Schalterhalle des Hauptpostamtes in Klaipėda ist ein Jugendstilschmuckstück

ROUTEN UND TOUREN

Durch die Elchniederung nach Sowjetsk (Tilsit)

Auf der A 190 geht es von Kaliningrad über Gurjewsk (Neuhausen) nach **Polessk** (**Labiau**). Das kleine Städtchen mit 7000 Einwohnern liegt an der Mündung der Deime (Deima) in das Kurische Haff. Die alte Prussenburg baute der Deutsche Orden bis 1258 zu einer starken Feste gegen etwaige Angriffe auf Königsberg aus. Nach einem Brand im Jahre 1965 blieben nur noch Reste. Das interessanteste Bauwerk in Polessk ist die große **Deimebrücke**, eine Klappbrücke aus dem 19. Jahrhundert. Im früheren Rathaus, dem »Deutschen Haus«, feiert die russische St.-Nikolaus-Gemeinde ihre Gottesdienste, das ehemalige Kreishaus beherbergt eine Nebenstelle der St. Petersburger Agrarakademie.

Von Polessk aus lohnt der 21 Kilometer lange Abstecher nach Matrosowo (Gilge). Die Fahrt gen Norden führt am **Großen Friedrichsgraben** (Polesskij kanal) entlang, einem Kanal, der im 17. Jahrhundert angelegt wurde. Zusammen mit anderen Kanälen und mehreren Flüssen stellte er eine Verbindung zwischen Memel und Königsberg her, damit umging man die Fahrt durch die gefährlichen Untiefen des Kurischen Haffs bzw. über die Ostsee. Im alten Fischerdorf **Gilge** am gleichnamigen Flüßchen, umgeben von Haff und Moor, ist die Welt zu Ende. Doch eine deutschrussische Neubürgerin sorgt mit ihrem Café »Ehrlich«, in dem deftige deutsch-russische Küche angeboten wird, und ein paar gemüt

Schon im 17. Jahrhundert wurde der Große Friedrichsgraben angelegt

lichen Hotelzimmern dafür, daß man in dem zauberhaften Örtchen gern länger als einen Tag verweilt.

Wanderungen durch weite Wälder…

Auf der A 190 geht es von Polessk aus um das **Große Moosbruch (Bolschoj Mochowoje boloto)**, die größte Moorlandschaft Ostpreußens, herum nach **Sosnowka (Groß Baum/Augstagirren)**. Etwa einen Kilometer südlich der Durchgangsstraße wurde das alte Forsthaus (»Forst Hausz«) zu einem modernen Hotel umgebaut und erweitert. Von hier aus lassen sich unvergeßliche Ausflüge in die weiten Wälder des Groß Poppelner Forstes im Norden und des Gruskenschen Forstes im Süden unternehmen. In **Bolschakowo (Kreuzingen/Groß Skaisgirren)**, 22 Kilometer weiter östlich, überdauerte die Pfarrkirche nacheinander als Kulturhaus, Kaufhaus, Kino und Theater und soll demnächst wieder ein Gotteshaus für die russisch-orthodoxe Gemeinde werden.

…und in der Elchniederung

Das Großdorf **Gastellowo (Groß Friedrichsdorf)** ist Ausgangspunkt für Wanderungen in die Elchniederung, hat aber weder Restaurant noch Hotel aufzuweisen. Das Städtchen **Slawsk (Heinrichswalde)** ist der Hauptort der Elchniederung. In der früheren evangelischen Pfarrkir-

Lädt in Gilge zur Einkehr: Frau Ehrlich mit ihrem gleichnamigen Café

che finden heute nach gründlicher Restaurierung wieder Gottesdienste statt, im Wechsel nach katholischem und nach russisch-orthodoxem Ritus.

Tilsit hat mehr zu bieten als nur Käse

Sowjetsk (Tilsit) an der Memel ist mit 43 000 Einwohnern die zweitgrößte Stadt der Oblast und der wichtigste Grenzübergang nach Litauen mit Fernverkehr nach Riga und St. Petersburg. Eine vorgeschichtliche Siedlung an der Memel war schon vor Christi Geburt bekannt, und im 11. Jahrhundert n. Chr. unterhielten hier die Wikinger eine Handelsniederlassung. Es ist anzunehmen, daß die an der Mündung der Tilszelle in die Memel gelegene Siedlung

ROUTEN UND TOUREN

der Hauptort des Prussengaus Schalauen war, der dem vordringenden Deutschen Orden am längsten Widerstand leistete. »Tylsat« entwickelte sich zu einem bedeutenden Handelszentrum, 1552 erhielt der Marktflecken »Tilse« das Stadtrecht. Im Juli 1807 schlossen Napoleon, Zar Alexander und der Preußenkönig Friedrich Wilhelm III. den Tilsiter Frieden. Die preußische Königin Luise bat Napoleon persönlich, die Bedingungen für den Friedensvertrag abzumildern – vergeblich.

Das Wahrzeichen von Sowjetsk ist die große Memelbrücke, die **Königin-Luise-Brücke**, die die Russen schlicht »Most« (Brücke) nennen. Recht imposant wirkt noch immer das prächtige neubarocke Portal am Südende der Brücke. Tilsitbesucher sollten natürlich durch Tilsits Hauptstraße, die Hohe Straße, nun **uliza Pobedy** (Straße des Sieges), schlendern. Als Fußgängerzone ist sie heute mehr noch als vor dem Krieg die Flaniermeile der Stadt, die schöne alte Bürgerhäuser und das Postamt von 1835 säumen. Die bei der Luisenbrücke beginnende Straße endet vor dem Lenindenkmal auf dem Leninplatz (früher Hohes Tor) mit dem Amtsgericht (heute Kulturpalast) und dem Landgericht (heute Stadtverwaltung). Das Panzermonument auf dem Anger ersetzte den Bronzeelch, der heute im Kaliningrader Tiergarten auf seine Rückkehr nach Tilsit wartet. Den Anger begrenzt das Schauspielhaus von 1893.

Abstecher von Sowjetsk über Neman nach Krasnosnamensk

13 Kilometer östlich von Sowjetsk liegt ebenfalls an der Memel das Städtchen **Neman** (Rag-nit). Hier beeindruckt die imposante Ruine der Ordensburg, die den Namen der Schalauerburg »ragas« (Horn) übernahm.

Inmitten herrlicher Wälder und Moorgebiete liegt 34 Kilometer östlich von Neman in der Nordostecke der Kaliningrader Oblast das Städtchen **Krasnosnamensk (Haselberg/Lasdehnen)**. Von den älteren Bauwerken verdient die **Peter-und-Paul-Kirche** Erwähnung, die der Schinkelschüler August Stüler 1874 bis 1877 mit schmucken Staffelgiebeln und einem 40 Meter hohen Glockenturm erbaute. Bei **Dobrowolsk (Schloßberg/Pillkallen)** hat ein Moskauer Unternehmen auf einem Terrain, auf dem einst vier Dörfer mit zugehörigen Äckern und Viehweiden lagen, eine Rentierfarm mit über 1500 Tieren eingerichtet. Begehrt sind Gehörn und Fell, vor allem aber das Fleisch der Rene, für das in Moskau, St. Petersburg und Kaliningrad gute Preise erzielt werden. Dobrowolsk hat mit Ausnahme des monumentalen Sieges- und Gefallenendenkmals und einem gemeinsamen deutsch-russischen Soldatenfriedhof (1944) heute nichts Sehenswertes mehr zu bieten.

Karte: → S. 99

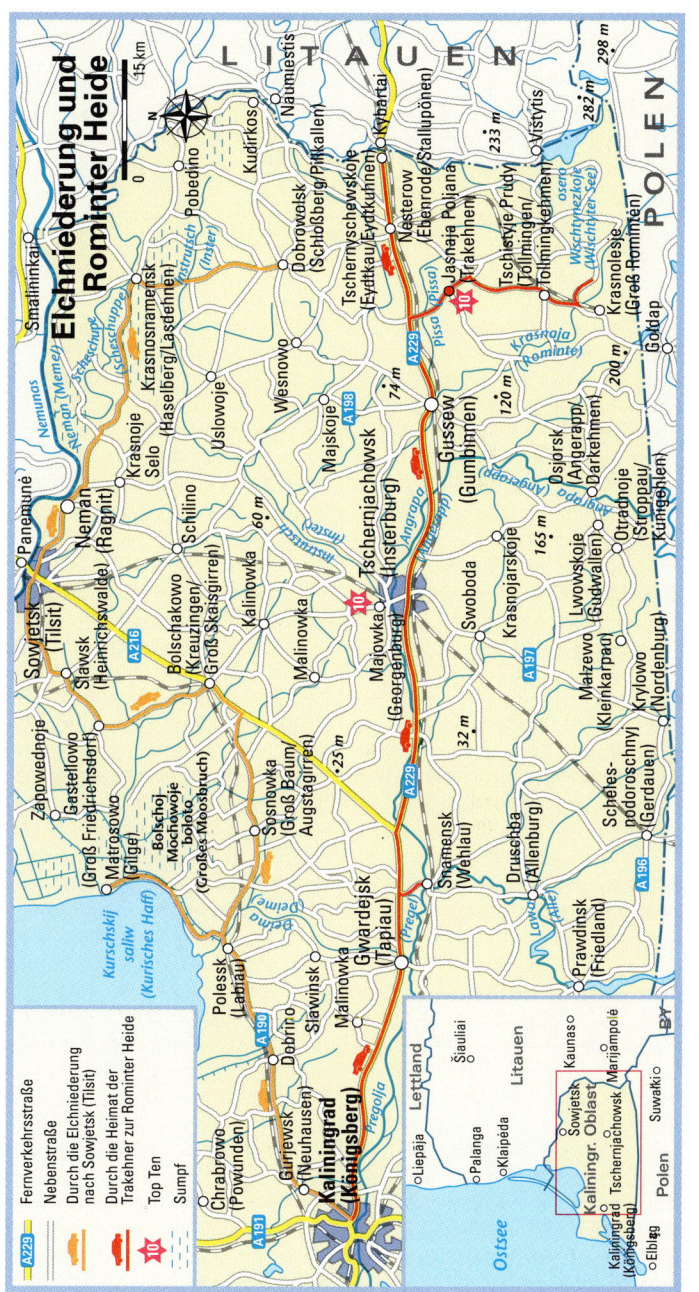

Durch die Heimat der Trakehner zur Rominter Heide

Der Pregel (Pregolja) begleitet diese Tour. Er hat keine Quelle, sondern drei Quellflüsse: die Inster (Instrutsch), die Angerapp (Angrapa) und die Pissa (Pissa). Die Inster entspringt bei Dobrowolsk (Pillkallen), die Angerapp kommt aus den Masurischen Seen im heute polnischen Teil Ostpreußens, die Pissa aus dem Wischtyter See. Die A 229, die die Kaliningrader Oblast durchquert und durch Litauen und Belarus der russischen Hauptstadt Moskau zustrebt, wird zur Zeit autobahnähnlich ausgebaut.

Erste Station Gwardejsk (Tapiau)

Der erste wichtigere Ort ist **Gwardejsk (Tapiau)**, wo die Deime vom Pregel abzweigt und dem Kurischen Haff zustrebt. Von Deime und Pregel geschützt, stand hier eine mächtige Prussenburg, die der Deutsche Orden später als Archiv und zentrale Bibliothek nutzte. Erst spät, 1722, erhielt die Siedlung vor der Burg die Rechte einer Stadt. Der heutige Name Gwardejsk bedeutet »Stadt der Garde« und ehrt die 11. sowjetische Gardearmee, die 1944/45 die Schlacht um Königsberg entschied. Die Stadt überstand den Krieg fast ohne Schäden und präsentiert sich noch immer als typisch ostpreußische Landstadt mit einem riesigen, von hundertjährigen Bürgerhäusern umgebenen Marktplatz. Für die **Pfarrkirche** aus dem 16. Jahrhundert schuf der Tapiauer Lovis Corinth (1858–1925) das Altarbild »Golgatha«; es wurde 1944 ausgelagert und ist seitdem verschwunden. Die vor wenigen Jahren restaurierte Kirche gehört heute der russisch-orthodoxen Gemeinde, das frühere Rathaus mit dem attraktiven Staffelgiebel stammt von 1922. Das Ostufer der Deime beherrscht noch immer der wuchtige Bau der **Ordensburg.** 1793 wurde sie Armen- und Besserungsanstalt, 1893 Heim für Blinde und Taube, 1902 Irrenhaus, ab 1918 war sie eine Kaserne, heute dient sie als Gefängnis.

15 Kilometer östlich von Gwardejsk liegt einige Kilometer südlich der Autobahn das Städtchen **Snamensk (Wehlau)** an der Mündung der Alle (Lawa) in den Pregel. Die Alle ist mit 289 Kilometern der größte Nebenfluß des Pregel. Auch hier war eine Prussenburg der Kern einer Siedlung, die sich anfangs »Wetale« (Ort) nannte, woraus sich »Velowe« und schließlich »Wehlau« entwickelte. Schon 1339 erhielt die Siedlung das kulmische Stadtrecht. Seit dieser Zeit gab es den Wehlauer Pferdemarkt, den größten Markt dieser Art in Europa. In manchen Jahren wechselten hier bis zu 20 000 Pferde den Besitzer. Von der Burg zeugen nur noch Spuren, auch von der Pfarrkirche St. Jakobi aus dem 14. Jahrhundert blieben lediglich Ruinen.

Im Städtchen Tapiau (Gwardejsk) wurde Lovis Corinth geboren

ROUTEN UND TOUREN

Über Tschernjachowsk (Insterburg) zum Gestüt Georgenburg

Auf der A 229 erreicht man 40 Kilometer östlich von Snamensk die Kreisstadt **Tschernjachowsk (Insterburg)**, die mit 41 000 Einwohnern drittgrößte Stadt der Oblast. Wo sich Angerapp und Inster zum Pregel vereinigen, kontrollierte eine Prussenburg die Verkehrswege. 1336 ließ der Deutsche Orden diese Burg zur »Insterburg« ausbauen, 1583 erhielt die zugehörige Siedlung die Stadtrechte. Zwei Kirchen haben den letzten Krieg überstanden: die reformierte Kirche von 1900, seit 1989 Michaelkathedrale der russisch-orthodoxen Gemeinde, und die katholische Kirche von 1912, die seit 1993 von Franziskanern betreut wird. Aus deutscher Zeit stammen die Berufsschule aus den 1930er Jahren, die Reichsbank von 1899 (heute Apotheke), das Krankenhaus, das Postamt, der Bahnhof, der Wasserturm und Jugendstilhäuser in der Sowjetskaja uliza.

Zwei Kilometer nördlich von Tschernjachowsk beeindruckt der Ort **Majowka (Georgenburg)** durch seine Bischofsburg (1352) und das neuaufgebaute **Trakehnergestüt**.

Das Leben auf Gut Georgenburg, das auf eine Feste der samländischen Bischöfe zurückgeht, beschrieb William von Simpson (1881–1945) in seinen Romanen »Die Barrings« und »Der Enkel«. Seit 1829 hatte sein Urgroßvater ein Vollblutgestüt aufgebaut, das vor einigen Jahren als russische Pferdezuchtstätte für Trakehner erneuert wurde. Eine Besichtigung des Gestüts ist außerordentlich interessant.

In der Michaelkathedrale von Insterburg (Tschernjachowsk)

Stadt der Glaubensflücht-linge: Gumbinnen (Gussew)

An der Mündung der Rominte (Krasnaja) in die Pissa (Pissa) erstreckt sich 27 Kilometer hinter Tschernjachowsk **Gussew** (**Gumbinnen**), eine Stadt mit 28 000 Einwohnern. Schon vor 10 000 Jahren lebten hier Menschen, doch der Name Gumbinnen tauchte erst 1580 in einer Urkunde auf. Nachdem 1709/1710 nahezu alle Bewohner der Pest zum Opfer gefallen waren, siedelte König Friedrich Wilhelm I. Religionsflüchtlinge aus der Schweiz, der Pfalz, aus Nassau und der Magdeburger Gegend an. 1724 erhob er Gumbinnen zur Stadt. 1732 ließ sich eine große Gruppe vertriebener Protestanten aus dem Erzbistum Salzburg (Exulanten) in Gumbinnen nieder.

Zu den interessantesten Sehenswürdigkeiten der Stadt zählt die **Alte Regierung** (1832–1836), ein rotweißer Gebäudetrakt, der unter dem Einfluß des großen preußischen Baumeisters Karl Friedrich Schinkel (1781–1841) entstand. Nicht weit davon entfernt steht in einer Grünanlage der **Gumbinner Elch**, eine Bronzeskulptur von Ludwig Vordermayer (1910). 1995 wurde die **Salzburger Kirche**, ein Werk Schinkels von 1840, erneut geweiht. Das erste evangelische Gotteshaus der Oblast dient auch als Begegnungsstätte für Deutsche und Russen und als Konzertsaal. Ein kleines **Museum der Salzburger Exulanten** schließt sich an.

Trakehnen: Gestüt mit großer Vergangenheit

Um nach **Jasnaja Poljana** (**Trakehnen**) zu kommen, verläßt man am besten 12 Kilometer östlich von Gussew die A 229 und fährt auf einer schmalen, aber guten Straße 6 Kilometer südwärts. An die große Zeit der Trakehnerzucht, die 1732 begann, erinnert der graublau-weiße Torbogen mit der siebenendigen Elchschaufel, dem weltbekannten Brandzeichen der Trakehnerpferde. Wenige Meter vom Tor entfernt steht die einstige Residenz des Landstallmeisters und Verwaltungszentrale des Gestüts, heute ein verfallenes Bauwerk.

Im Jahre 1725 hatte König Friedrich Wilhelm I. angeordnet, mit Wirkung vom 1. Mai 1732 die zahlreichen über das ganze nördliche Ostpreußen verstreuten Gestüte bei dem kleinen Domänenvorwerk Trakehnen, dem künftigen »Königlichen Stutamt Trakehnen«, zusammenzufassen. 600 preußische Infanteristen aus Memel legten die Sümpfe trocken, bauten einen sieben Kilometer langen Kanal und verwandelten das 35 Quadratkilometer große Moorland in saftige Weiden und fruchtbare Äcker. Innerhalb von sieben Jahren entstanden die erforderlichen Stallungen, Remisen, Scheunen und anderen Wirtschafts- und Gestütsgebäude, dazu 150 Bauernhöfe sowie Wohnungen für die rund tausend Bediensteten des Hauptgestüts, ferner Schulen und ein Krankenhaus. 1787

Im Gestüt Georgenburg (Majowka)
werden erst seit einigen Jahren wieder
die edlen Trakehner gezüchtet

wurden das Zuchtregister und die Elchschaufel als Brandzeichen eingeführt. Trakehnen entwickelte sich zur größten und berühmtesten Pferdezuchtanstalt der Welt. Am Ende des Zweiten Weltkrieges fielen die wertvollsten Zuchtpferde nach einer abenteuerlichen Flucht in die Hände der Sowjetarmee, die sie in das russische Staatsgestüt Kirow am Don brachte.

Eine empfehlenswerte Lektüre zum Thema ist D. Machin Goodalls informatives Buch »Die Pferde mit der Elchschaufel«. Ein besonderes Erlebnis für Pferdeliebhaber sind organisierte **Reitertouren**, zum Beispiel von Majowka (Georgenburg) quer durch die Felder und Wälder nach Jasnaja Poljana (Trakehnen) oder umgekehrt. In beiden Gestüten werden den Reitern Trakehnerpferde für den mehrtägigen Ritt zur Verfügung gestellt.

Über Tschistyje Prudy zur Rominter Heide

Auf der Fahrt von Trakehnen gen Süden passiert man zahlreiche Wüstungen, Dörfer, die nicht mehr existieren, wie Bißnen, Kischken, Soginten, Wittigshöfen und andere. Nach zwölf Kilometern ist **Tschistyje Prudy** (**Tollmingen/Tollmingkehmen**) erreicht, ein kleiner Ort, in dem Kristijonas Donelaitis (Christian Donelitius, 1714–1780) ab 1743 als Pfarrer wirkte. Donelaitis gilt als der erste große Dichter der litauischen Sprache. In seiner berühmten Dichtung »Metai« (Jahreszeiten) beschrieb er die Schönheit der ostpreußischen Landschaft und das entbehrungsreiche Leben der litauischen Kleinbauern. Bis 1979 restaurierte Litauen, das damals zur Sowjetunion gehörte, Kirche und Pfarrhaus als Gedenkstätte für Kristijonas Donelaitis.

DER BESONDERE TIP

Die »Alte Apotheke« von Trakehnen Wer nach Jasnaja Poljana, dem früheren weltbekannten Trakehnen, kommt, sollte der Alten Apotheke einen Besuch abstatten. Eine deutsch-russische Familie hat sie als Gaststätte und Kleinhotel wieder hergerichtet. Geboten werden deftige Küche und schlichte, aber zweckmäßig eingerichtete Zimmer. Es ist erholsam, nach dem Rundgang zum halbverfallenen Sitz des Landstallmeisters und zum Torbogen mit der Elchschaufel mit einem Humpen deutschen Bieres an einem der rustikalen Tische vor der Alten Apotheke zu sitzen und dem Lärm der vielen hundert Krähen in den hohen Wipfeln der alten Bäume zuzuhören.

Südlich von Tschistyje Prudy dringt die Straße in die wildreiche **Rominter Heide (Krasnij les)** vor, in das bevorzugte Jagdgebiet von Kaisern, Königen und anderen Herrschern. Hier jagte der Große Kurfürst ebenso gern wie Kaiser Wilhelm II. und der preußische Ministerpräsident und Reichsjägermeister Hermann Göring. Alle Erinnerungen an die »hohen und besten Jagden« aber sind verklungen, sehenswerte Relikte verschwunden.

Der nächste größere Ort an der A 229 ist **Nesterow (Ebenrode/Stallupönen)**, ein 5000-Einwohner-Städtchen, 25 Kilometer östlich von Gussew und 12 Kilometer westlich der russisch-litauischen Grenze. Der Abwehrkampf der deutschen Truppen gegen die einfallende Sowjetarmee führte im Jahre 1944 zu einer 90%igen Zerstörung der kleinen Landstadt. Bis 1936 trug die Stadt ihren alten prussisch-litauischen Namen »Stallupönen«, was auf eine vorchristliche Kultstätte hinweist (stalas = Opfertisch, upe = Fluß). Noch im beginnenden 18. Jahrhundert lebten hier fast ausschließlich Litauer, die in den Jahren 1709 bis 1711 fast ausnahmslos der Pest zum Opfer fielen. Die Lücken füllten Neubürger aus Nassau, Franken, der Schweiz und aus Salzburg. Das monumentale Kriegermal zum Gedenken an die zahlreichen hier gefallenen Soldaten der Roten Armee beherrscht die Mitte der Stadt, deren Namen an Antonin N. Nesterow, einen Helden der Sowjetunion, erinnert.

Karl Friedrich Schinkel gestaltete den Giebel der Alten Regierung in Gumbinnen (Gussew)

Die letzte Stadt vor der Grenze zu Litauen ist **Tschernyschewskoje (Eydtkau, Eydtkuhnen)**, im 19. Jahrhundert ein Handelszentrum und Schmugglernest zwischen Rußland und Preußen. Zu Beginn des 20. Jahrhunderts war Eydtkuhnen ein wichtiger Warenumschlagplatz. Darüber hinaus blühte hier auch das Geldwechselgeschäft, so daß die Einwohnerschaft recht gemischt war. So gab es hier neben der evangelischen Kirche auch ein katholisches Gotteshaus, ein Bethaus für die Baptisten und eine ansehnliche Synagoge. Erhalten hat sich bis heute allein der immer mehr verfallende Bau der evangelischen Kirche.

Karte: → S. 99

ROUTEN UND TOUREN

Von Kaliningrad (Königsberg) führt die A 194 die Küste des Frischen Haffs entlang, wo sie nach 21 Kilometern den Marktflecken und Fischerort **Uschakowo (Brandenburg)** erreicht. Seit dem 13. Jahrhundert wachte eine mächtige Burg des Deutschen Ordens hier über die Anfahrt von Schiffen nach Königsberg. Noch heute steht die Burg als imposante Ruine hoch über der Mündung des Frisching (Prochladnaja), der dem Haff seinen deutschen Namen gab. Auf der anderen Seite der Durchgangsstraße blieb der stattliche Turm als Relikt der evangelischen Pfarrkirche aus dem 14. Jahrhundert erhalten.

Nächste Etappe ist das sieben Kilometer weiter südlich gelegene **Laduschkin (Ludwigsort)**, ein Städtchen mit 1500 Ein-

In den Süden der Oblast

wohnern und einer 900jährigen Eiche auf dem Hof der dortigen Molkerei. Südlich der Stadt entsteht zur Zeit ein Viertel mit schönen Einfamilienhäusern für deutschrussische Umsiedler aus Kasachstan und anderen früheren Sowjetrepubliken, finanziert vom deutschen Staat. Es ist interessant, mit den Menschen dort über ihr bisheriges Leben und ihre Zukunftspläne zu sprechen.

Sechs Kilometer vor Mamonowo (Heiligenbeil) zweigt eine schmale, aber gut befahrbare Straße nordwärts auf eine Halbinsel des Frischen Haffs ab und erreicht nach neun Kilometern **Weseloje (Balga)**, eine kleine Ortschaft neueren Datums. Das alte Dorf Balga ging in den Kämpfen des Februar und März 1945 unter; aus dem einstigen Dorf

Der Fluß Frisching (Prochladnaja) gab dem Frischen Haff seinen Namen

wurde ein schöner, lichter Wald, in dessen Mitte ein Mauerrest der Pfarrkirche überdauerte. Daneben errichteten ehemalige Bewohner von Balga ein schlichtes Gedenkkreuz. Sehenswert sind am Rande der Steilküste die spärlichen Ruinen der **Burg Balga**, einer der stärksten Befestigungen des Deutschen Ordens.

Im Krieg schwer umkämpft: Mamonowo (Heiligenbeil)

Vier Kilometer vor der russisch-polnischen Grenze, die vorerst nur Russen und Polen sowie internationale Hilfsgütertransporte passieren dürfen, liegt die kleine Stadt **Mamonowo** (**Heiligenbeil**). Auch Heiligenbeil hat eine lange Geschichte, die weit in das 13. und sogar 12. Jahrhundert zurückreicht. »Swentopil« (Heiliger Berg) hieß die Prussensiedlung zu Füßen eines Stammesheiligtums. 1272 kam der Deutsche Orden, 1349 weihten die deutschen Siedler ihre Pfarrkirche, die sie über dem prussischen Heiligtum errichtet hatten. Den Ort nannten sie »Heiligenbeil«, was dasselbe bedeutet wie »Swentopil«, denn »beil« kommt hier vom prussischen »pil, pilis« (Berg).

Aus deutscher Zeit stammen in Mamonowo (benannt nach dem hier gefallenen sowjetischen Truppenkommandeur Nikolaj W. Mamonow) nur wenige Bauten, denn in den mehrwöchigen erbitterten Kämpfen um den »Heiligenbeiler Kessel« sank bis Ende März 1945 nahezu die ganze

Denkmal für den russischen Kriegshelden Mamonow: er gab Heiligenbeil seinen russischen Namen Mamonowo

Stadt in Trümmer. Zu sehen sind nur noch das Johanniterkrankenhaus von 1887, das St. Georgshospital von 1900, das Postamt von 1880 mit dem preußischen Posthorn an der Backsteinfassade, der Bahnhof von 1888, der Wasserturm von 1908, in dem heute eine Diskothek amerikanische Hits für die Jugend spielt, die Stadtschule von 1910 und das Amtsgericht von 1929. Der größte Industriebetrieb der Stadt ist ein Fischkonservenkombinat.

Von Mamonowo kann man über Pogranitschnyi (Hermsdorf), Kornjewo (Zinten), Pogranitschnoje (Hussehnen) und Dolgorukowo (Domtau) nach Bagrationowsk (Preußisch Eylau) gelangen (55 Kilometer).

Wladimirowo (Tharau) und Gwardejskoje (Mühlhausen)

Kehrt man von Mamonowo zum Kaliningrader Ring zurück und fährt auf der gut ausgebauten A 195 nach Bagrationowsk (80 Kilometer), empfiehlt sich bei Niwjenskoje (Wittenberg) ein drei Kilometer langer Abstecher nach **Wladimirowo** (**Tharau**). In dem bereits 1315 erwähnten Kirchdorf in den lieblichen Auen des Frisching wurde 1615 das Ännchen von Tharau als Tochter des Pfarrers Andreas Neander geboren. Als das Ännchen 1633 in Königsberg den Pfarrer Johannes Partatius heiratete, verfaßte der Dichter Simon Dach zu ihrer Hochzeit das Lied »Ännchen von Tharau«. Die evangelische Pfarrkirche von 1350 sollte schon 1992 restauriert werden; leider fehlte bislang das Geld.

In Gwardejskoje (Mühlhausen), 29 Kilometer südlich von Kaliningrad, einem der ältesten Orte des prussischen Natangen (Anfang 14. Jahrhundert), lebte Martin Luthers jüngste Tochter Margaretha. Vor dem Altar der 1305 erbauten und 1995/96 restaurierten Pfarrkirche ruhen Margaretha, der Ehemann Georg von Kunheim und sechs ihrer neun Kinder.

»Das westlichste Tor Rußlands«: Bagrationowsk (Preußisch Eylau)

Zehn Kilometer weiter liegt Bagrationowsk (Preußisch Eylau). Fast jeder deutsche Tourist, der nicht mit dem Flugzeug oder dem Schiff nach Königsberg reist, kommt durch diese Stadt. Die Geschichte der Stadt begann 1325 mit dem Bau der Burg »Yla-

DER BESONDERE TIP

Die neue Kirche von Bagrationowsk Bagrationowsk, das frühere Preußisch Eylau, ist die wichtigste Grenzstadt für Autoreisende aus Mitteleuropa. Aber kaum jemand besucht die abseits der Hauptstraße gelegene alte Ordensburg von 1338, von der nur noch die riesige Vorburg blieb. Anstelle der Burg erhebt sich seit 1996 auf der kleinen Anhöhe eine russisch-orthodoxe Kirche, die erste Kirche im traditionellen Sakralbaustil des 17. Jahrhunderts im Königsberger Gebiet, ein Märchenbau mit goldgleißenden Kuppeln, mit Kokoschniki, Girkas und all den anderen wundervollen Verzierungen und mit dem separaten Kolokolnja, dem prächtigen Glockenturm. Aus der mächtigen Vorburg zu Füßen der Kirche wurde ein Hotel, das moderne Servicezentrum »Stary Zamok« (Alte Burg) mit Restaurant und Konferenzsälen.

dia«, woraus der spätere Name »Eylau« entstand. 1514 erhielt Eylau das Marktrecht, 1585 wurde der Marktflecken eine Stadt. Am 8. Februar 1807 kam es nordöstlich von Preußisch Eylau zur Schlacht zwischen 80 000 Franzosen unter Napoleons Kommando und 58 000 Russen unter Marschall Bennigsen. Der russische General Bagration hielt mit seinen Truppen mühsam die Stadt. Napoleons sicheren Sieg vereitelte der preußische Generalleutnant Anton Wilhelm von L'Estocq, dessen 5500 Mann am Nachmittag auf dem Schlachtfeld erschienen und die russische Niederlage abwendeten. Nach Eintritt der Dunkelheit endete die Schlacht unentschieden.

In einem Wäldchen nahe dem Grenzübergang erinnert ein Sandstein-Obelisk, den König Friedrich Wilhelm IV. 1856 aufstellen ließ, an L'Estocq und die Schlacht bei Preußisch Eylau. Auf dem Hauptplatz der Stadt steht eine vergoldete Büste des russischen Verteidigers von Preußisch Eylau, des Generals Pjotr Iwanowitsch Bagration. Im ehemaligen Landratsamt in der Nähe des Hauptplatzes befindet sich heute ein liebevoll betreutes »**Heimatmuseum**«.

Durch Napoleons Sieg berühmt: Friedland

Das typisch ostpreußische Landstädtchen **Prawdinsk** (**Friedland**) schmiegt sich 29 Kilometer östlich von Bagrationowsk in die Windungen der Alle (Lawa). Man kann Prawdinsk von Kaliningrad (Königsberg) aus auch direkt über die A 196 (50 Kilometer) oder von Gwardejsk (Tapiau) aus über die P 512 (23 Kilometer) erreichen. Friedland wurde wahrscheinlich 1312 an der Allefurt, wo sich mehrere Verkehrswege kreuzten, gegründet, ohne daß hier eine Burg Schutz bot. Berühmt wurde der Ort durch Napoleons entscheidenden Sieg am 14. Juni 1807 über das russisch-preußische Heer. Prawdinsk hat heute über 4000 Einwohner.

Der die ganze Stadt überragende Bau ist die frühere evangelische **Pfarrkirche St. Georg** (14. Jahrhundert), die nach ihrer Restaurierung der russisch-orthodoxen Gemeinde zur Verfügung stehen soll. Auf dem benachbarten Friedhof, der heute zum Stadtpark gehört, erinnert ein Denkmal an die in der Schlacht bei Friedland in gemeinsamem Kampf gefallenen preußischen und russischen Soldaten. Eine Delikatesse für jeden Kunstfreund ist die wundervolle Fassade des modernen Stadtmuseums.

Schließlich geht es in die Stadt mit dem fast unaussprechlichen Namen **Schelesnodoroschnyj (Gerdauen)**. Sie liegt 22 Kilometer südöstlich von Prawdinsk (Friedland), kurz vor der russisch-polnischen Grenze. Am Omet, einem Nebenfluß der Alle, besaß der prussische Edle Girdaw im 13. Jahrhundert eine Burg, die er, inzwischen zum Christentum konvertiert, dem Deutschen Orden zur Verfügung stellte. 1398

Die Fassade des neuen Stadtmuseums in Friedland (Prawdinsk)

verlieh der Hochmeister des Ordens der Burgsiedlung, die sich nach dem Prussen Girdaw »Gerdauen« nannte, das Kulmer Stadtrecht. Vor dem Krieg hatte Gerdauen 5000 Einwohner, heute leben in Schelesnodoroschnyj kaum 3000 Menschen. Die ehemalige Pfarrkirche stiftete Girdaw im Jahre 1260, der heutige Bau stammt aus dem 15. Jahrhundert.

Abstecher nach Osjorsk Angerapp/Darkehmen

Die Stadt **Osjorsk** (**Angerapp/ Darkehmen**) erreicht man von Schelesnodoroschnyj (Gerdauen), indem man der Straße A 196 bis Krylowo (Nordenburg) folgt, auf der A 197 etwa 5 Kilometer nordwärts fährt und dann der P 508 längs der Grenze zu Polen über Malzewo (Kleinkarpau), Otradnoje (Stroppau/Kunigehlen) und Lwowskoje (Gudwallen) ostwärts folgt (55 Kilometer). Von Tschernjachowsk (Insterburg) aus sind es nach Osjorsk auf der Straße P 517 knapp 33 Kilometer.

1615 wurde die Siedlung Darkehmen erstmals urkundlich erwähnt, 1725 erhielt sie das Stadtrecht. 1886 entstand neben der Angerapp ein Wasserkraftwerk, das noch im selben Jahr den Strom für eine elektrische Straßenbeleuchtung lieferte. Darkehmen war damit die erste Stadt in Ostpreußen, deren Straßen nicht mehr durch Gaslaternen erhellt wurden. Man erinnere sich: Paris führte die neuartige Straßenbeleuchtung als erste Stadt der Welt im Jahre 1877 ein. Berlin als junge Hauptstadt des Deutschen Reiches folgte 1882, nur vier Jahre vor Darkehmen.

1938 mußte Darkehmen seinen prussischen Ortsnamen ablegen und nannte sich fortan nach dem Fluß, an dem es lag. An die deutsche Vergangenheit der Stadt erinnern noch der große Haupt- und Marktplatz mit dem alten Postamt mittendrauf, das Finanzamt (heute ein Krankenhaus), das Amtsgericht (heute das Polizeirevier), die evangelische Kirche, die nun der russisch-orthodoxen Gemeinde gehört, die große Wassermühle und das Wasserkraftwerk von 1886, die beide nicht mehr in Betrieb sind.

Karte: → Umschlag Rückseite

Auskunft

Da sich der internationale Tourismus im Königsberger Gebiet nach seiner Öffnung nur sehr zögernd entwickelt, ist es nicht leicht, schon vor Antritt der Reise über Land und Leute genauere, vor allem aktuelle Informationen zu erhalten. Die besten Auskünfte bekommt man von den Reiseveranstaltern (→ S. 118). Wer ein Halb- oder Ganztags-Taxi benötigt, einen Dolmetscher oder einen speziellen Führer, der wende sich am besten an einen der durchweg deutsch sprechenden russischen Reiseleiter oder an die Hotelrezeption.

Deutsch-Russisches Haus
ul. Jaltinskaja 2a (**ул. Ялтинская**)
Tel. 0 07/01 12/46 96 82, Fax 45 06 31

Tourist-Information　　■ C 3/D 3
Vermittelt hauptsächlich Ausflugsreisen und Dolmetscher.
Leninprospekt 28 (**Ленинский пр.**)

Bevölkerung

Die Oblast Kaliningrad hat 930 000 Einwohner, von denen 430 000 in der Hauptstadt, 290 000 in anderen Städten der Oblast und 210 000 auf dem Lande leben. Alljährlich steigt die Einwohnerzahl durch Einwanderer aus Rußland und anderen ehemaligen Teilrepubliken der Sowjetunion, vor allem von deutschstämmigen Russen aus Kasachstan und Kirgisistan, um etwa zwei bis drei Prozent.

　Die meisten Russen sind seit den atheistischen Zeiten der Sowjetunion der Kirche entfremdet. Nur rund 430 000 Einwohner der Oblast gehören einer Glaubensgemeinschaft an. Davon sind wiederum etwa 370 000 russisch-orthodox. Es folgen mit weit geringeren Zahlen

die Katholiken, Lutheraner, Neuapostolischen, Baptisten usw. Statistische Zahlen wurden bislang nicht veröffentlicht. Eine Missionstätigkeit ist den nichtorthodoxen Kirchen untersagt, so daß die sehr national ausgerichtete russisch-orthodoxe Kirche von Jahr zu Jahr wächst.

Diplomatische Vertretungen

In der Russischen Föderation
Deutsche Botschaft
ul. Mosfilmowskaja 56
Moskau
Tel. 00 70 96/9 56 10 80

Deutsches Generalkonsulat
ul. Furschtadtskaja 39
St. Petersburg
Tel. 00 78 12/2 73-55 98, -57 31 und -59 37

Österreichische Botschaft
Starokonjuschennyj per. 1
Moskau
Tel. 00 70 96/2 01-73 07 und -79 40

Schweizerische Botschaft
Stopani per. 2–5
Moskau
Tel. 00 70 96/9 25 53 22

In Deutschland
Botschaft der Russischen Föderation
Waldstr. 42
53177 Bonn
Tel. 02 28/31 20-75, -83 und -89

Visastelle der Außenstelle Berlin der Botschaft der Russischen Föderation
Reichensteiner Weg 34–36
14195 Berlin
Tel. 0 30/8 32 70 04

Generalkonsulat der Russischen Föderation
– Am Feenteich 20
22085 Hamburg
Tel. 0 40/2 27 63 80
– Kickerlingsberg 18
04105 Leipzig
Tel. 03 41/5 18 76
– Seidlstr. 28
80335 München
Tel. 0 89/59 25 28 und 59 25 03
– Thünenstr. 3
18057 Rostock
Tel. 03 81/4 92 27 42

In Österreich
Botschaft der russischen Föderation
Reisnerstr. 45–47
1030 Wien
Tel. 01/7 12 32 33

Generalkonsulat der Russischen Föderation
Bürglsteinstr. 2
5020 Salzburg
Tel. 06 62/2 41 84

In der Schweiz
Botschaft der Russischen Föderation
Brunnadernstr. 53
3006 Bern
Tel. 0 31/3 52 05 67

Generalkonsulat der Russischen Föderation
24, rue Schaub
1202 Genève
Tel. 0 22/7 34 79 55

Feiertage	
1. Jan.	Neujahr
8. März	Internationaler Frauentag
1. Mai	Tag der Arbeit
2. Mai	Frühlingsfest
9. Mai	Tag des Sieges (Ende des Zweiten Weltkrieges)
12. Juni	Tag der Unabhängigkeit
7. und 8. Nov.	Gedenktage für die Opfer des Stalinismus

Familienleben am Strand von Neukuhren (Pionerskij)

Fotografieren

Grundsätzlich darf man alles fotografieren, was man sieht, nur keine militärischen Anlagen. In Museen, Kirchen und anderen öffentlichen Einrichtungen ist Fotografieren und Filmen oft nur nach Entrichtung einer Sondergebühr erlaubt, und dann auch nur ohne Stativ und Blitzlicht. Fotomaterial sollte man in ausreichender Menge mitbringen, denn nicht immer bekommt man vor Ort das gewünschte Filmmaterial.

Geld

Die russische Währung ist der **Rubel**. Im Januar 1997 erhielt man für 1 DM 3600 Rubel; der US$ wurde mit 5500 Rubel bewertet. Als Fremdwährung werden vorwiegend DM und US$ anerkannt. Nehmen Sie DM und/oder US$ in möglichst kleiner Stückelung (5-DM- oder 1-US$-Scheine) mit auf die Reise. Das sind überall gern gesehene Zahlungsmittel.

Kreditkarten werden zur Zeit noch nicht anerkannt.

Fast alle **Banken** in Kaliningrad haben Schalter für Geldwechsel. Sie akzeptieren Reiseschecks in DM oder US$ und im allgemeinen auch die international gebräuchlichen Kreditkarten wie Visa und American Express. Für Geldwechsel sollte man nur DM oder US$ verwenden, da sogar Banken oft die österreichische und die Schweizer Währung nicht akzeptieren. In der Regel haben die Banken Mo–Fr 9–16 Uhr geöffnet, manche Banken schließen mittags 13–14 Uhr.

Geschenke

Wollen Sie einer Russin oder einem Russen eine Freude bereiten, so schenken Sie ihr/ihm Strumpfhosen, Kosmetik- und Hygieneartikel, Kaffee, Tee, Genußmittel, Schokolade, Bonbons, Kaugummi, Filzschreiber, Solar-Taschenrechner und ähnliches, auf keinen Fall aber getragene Kleidungsstücke.

Wechselkurs-Umrechnungstabelle

Rubel	DM	sFr	ÖS
1 000	0,28	0,24	1,94
2 000	0,55	0,48	3,88
3 000	0,83	0,72	5,82
5 000	1,39	1,19	9,70
10 000	2,77	2,38	19,40
25 000	6,95	5,97	48,50
50 000	13,89	11,90	97
100 000	27,78	23,80	194
200 000	55,55	47,60	388
750 000	208,33	178,50	1455
1 000 000	277,80	238	1940

Stand: Januar 1997

Medizinische Hilfe

Die medizinische Versorgung ist in Rußland – und dazu gehört ja die Kaliningrader Oblast – im allgemeinen besser als vermutet. Auf jeden Fall sollte man aber die gewohnten Medikamente in ausreichender Menge mit sich führen. Zwar führen die Apotheken (apteka) mehr und mehr auch westliche Arzneien, aber doch nur in begrenztem Umfang. Kopfschmerztabletten und Grippemittel halten zum Teil auch die Hotelapotheken bereit. Hier zwei der größten Apotheken in Kaliningrad:

Apteka (Аптека)
– Leninprospekt 67
(Ленинский пр.) ■ C 3/D 3
Tgl. 8–20 Uhr
– ul. Proletarskaja 87a
(ул. Пролетарская) ■ D 1
Tgl. 8–20 Uhr

Wer einen Arzt braucht, wende sich an die Hotelrezeption, die einem entweder eine geeignete Poliklinik nennt oder den Notarzt herbeiruft. Die Ärzte verstehen Englisch, zum Teil auch Deutsch. Die Behandlung ist bar – vorzugsweise in westlicher Währung (US$ oder DM) – zu bezahlen. Die Notarztbehandlung ist kostenlos. Ärztliche Privatpraxen gibt es im Königsberger Gebiet bis jetzt nur relativ wenig.

Nachtleben

Kultur kann der Kaliningrad-Besucher im Schauspielhaus (→ Sehenswertes, S. 43) und in der Philharmonie genießen. Wer am Pregel Unterhaltung sucht, findet sie in Spielcasinos und Diskotheken.

Bingo ■ C 1
Platz des Sieges 1 (пл. Победы)
Tgl. ab 13 Uhr Restaurant,
18–6 Uhr Bingo-Spielbetrieb

Kino Rossija ■ B 2/C 2
Diskothek mit Tanz.
Theaterstr. (ул. Театральная)
Do–Sa 22–4 Uhr

Kronprinz ■ F 2
Diskothek mit Tanz.
Litauer Wall (Литовский вал)
Tgl. 18–3 Uhr

Penta Klub ■ C 4/D 4
Diskothek mit Tanz.
Alte Börse, Leninprospekt 101
(Ленинский пр.)
Tgl. 18–3 Uhr

Scharm
Nachmittags Café, abends Diskothek mit Tanz.
Kirowstr. 7 (ул. Кирова)
Tgl. 12–17 und 21–5 Uhr

Vagonssawoda
Jugend-Disko.
Stanotschnaja 12 (Станочная)
Mi, Fr, Sa und So 10–5 Uhr

Vanda ■ D 3/E 3
Roulette und Black Jack.
Frunsestr. 6 (ул. Фрунзе)
Tgl. 13–6 Uhr

Notruf

Feuerwehr: Tel. 01
Polizei: Tel. 02
Erste Hilfe: Tel. 03

Post

Die Portokosten ändern sich derzeit laufend.
Hauptpostamt (Почтамт)
Kosmonaut-Leonow-Str. 22
(ул. Космонавта Леонова)
Mo–Fr 9–20, Sa 10–18 Uhr

Telegrafenamt (Телеграф) ■ C 6
Kalininplatz (пл. Калинина)
Tgl. 8–22 Uhr

WICHTIGE INFORMATIONEN

Reisedokumente

Reisepaß und Visum sind erforderlich. Das Visum wird von der Botschaft der Russischen Föderation ausgestellt (→ Diplomatische Vertretungen, S. 118). Für die Erteilung des Visums muß der Antragsteller eine Unterkunft (Hotel-, Motel-, Campingplatzbuchung) nachweisen. Den Nachweis erbringt im allgemeinen der Reiseveranstalter, der auch die Anträge zur Bearbeitung an die Botschaft weiterreicht. Als Unterkunftsnachweis genügt ebenfalls eine in Rußland bestätigte offizielle Einladung. Das Visum wird nicht in den Paß eingestempelt, sondern liegt als Dokument dem Paß lose bei. Es berechtigt zur zweimaligen Einreise in die Kaliningrader Oblast innerhalb der beantragten Reisezeit, das heißt, man kann damit zum Beispiel einen Ausflug nach Litauen unternehmen.

Reiseveranstalter

Baltisches Reisebüro
A. und W. Wencelides
Bayerstr. 37/1
80335 München
Tel. 0 89/59 36 53/94, Fax 5 50 36 13

DERTOUR, Deutsches Reisebüro GmbH
Emil-von-Behring-Str. 6
60439 Frankfurt/Main
Tel. 0 69/95 88-00, Fax 95 88 10 10

DNV-Touristik
Max-Planck-Str. 10
70806 Kornwestheim
Tel. 0 71 54/13 18 30, Fax 18 29 24

Greif-Reisen
A. Manthey GmbH
Universitätsstr. 2
58455 Witten-Heven
Tel. 0 23 02/2 40 44, Fax 2 50 50

Inter Air Voss-Reisen
Triftstr. 28–30
60528 Frankfurt/Main
Tel. 0 69/96 76 70, Fax 96 76 22 54

Jöres Busreisen
Schulmeisterweg 9
49419 Wagenfeld/Ströhen
Tel. 0 57 74/2 77/4 10, Fax 13 72

Ost-Reise-Service (ORS)
Artur-Ladebeck-Str. 139
33647 Bielefeld
Tel. 05 21/14 21 67/68, Fax 15 25 55

Rautenberg
Blinke 8
26787 Leer/Ostfriesland
Tel. 04 91/92 97 03, Fax 92 97 07

Reise-Service Ernst Busche
Sackstr. 5
31547 Rehburg-Loccum
Tel. 0 50 37/35 63, Fax 54 62

Schnieder Reisen GmbH
Harkortstr. 121
22765 Hamburg
Tel. 0 40/3 80 20 60

Reisewetter

Das Klima im Königsberger Gebiet ist eine Mischung aus asiatischem Festlandklima und westeuropäischem Meeresklima, es ist also ausgeglichen und dem mitteleuropäischen Klima recht ähnlich. Die schönste Reisezeit liegt zwischen Anfang Mai und Mitte Oktober. Die Saison der Ostseebäder beginnt Anfang Juni und endet mit dem September, wobei die Hauptsaison die Monate Juli und August umfaßt. Wer zwischen Mai und August etwas abseits der Küste reist, womöglich in den herrlich einsamen Waldgebieten, braucht unbedingt ein Mücken-Schutzmittel.

Sicherheit

Die Kriminalität in Kaliningrad ist nach dem Zusammenbruch der Sowjetunion zwar erheblich gestiegen, doch ist sie nicht größer als in vergleichbaren westlichen Städten. Wer mit seinen Wertsachen nicht allzu leichtsinnig umgeht, wird normalerweise nichts zu befürchten haben. Den teuren Schmuck läßt man besser daheim, Bargeld versteckt man am Körper (im Safegürtel oder Brustbeutel). Und wer sich unbedingt in das (karge) Nachtleben von Kaliningrad stürzen möchte, tue das in größerem Kreis und benutze für die Rückkehr ins Hotel ein offizielles Taxi.

Sprache

Die russische Sprache gehört innerhalb der indogermanischen Sprachfamilie zu den ostslawischen Sprachen. Die russische Schrift leitet sich von der kyrillischen Schrift ab, die aus der griechischen Majuskelschrift hervorgegangen ist.

1917 wurde die Kyrilliza auf 33 Buchstaben reduziert.

Russischer Buchstabe	Transkription
А	a
Б	b
В	w
Г	g
Д	d
Е	e/je
Ё	jo
Ж	sch
З	s
И	i
Й	j
К	k
Л	l
М	m
Н	n
О	o
П	p
Р	r
С	s
Т	t
У	u

Die genauen Klimadaten von **Königsberg**

	Durchschnittstemperaturen in °C		Sonnenstunden	Regentage
	Tag	Nacht	pro Tag	
Januar	1,4	-3,0	1,2	15
Februar	1,4	-3,8	2,5	15
März	4,2	-1,3	4,3	12
April	8,7	2,2	5,4	13
Mai	15,1	7,2	7,2	11
Juni	18,8	11,1	8,7	11
Juli	21,3	14,3	7,6	13
August	21,0	13,9	7,3	12
September	17,7	10,6	5,8	14
Oktober	12,5	6,7	3,4	15
November	6,6	2,2	1,5	11
Dezember	3,4	-0,7	1,0	16

Quelle: Deutscher Wetterdienst, Offenbach

WICHTIGE INFORMATIONEN

Ф	f
Х	ch
Ц	z
Ч	tsch
Ш	sch
Щ	schtsch
Ы	y
Ь	(weich)
Ъ	(hart)
Э	e
Ю	ju
Я	ja

Kyrillische Abkürzungen

al. = alleja (ал. аллея): Allee
nab. nabereschnaja (наб. набережная): Uferstraße
per. = pereulok (пер. переулок): Gasse
pl. = ploschtschad (пе. площадв): Platz
pr. = prospekt (пр. проспект): breite Straße
ul. = uliza (ул. улица): Straße

Stromspannung

Die Stromspannung beträgt 220 Volt. Es empfiehlt sich, einen Adapter mitzunehmen, da die Schuko-stecker nicht in die Euro-Steckdosen passen, mit denen die renovierten Hotelzimmer heute überwiegend ausgestattet sind.

Telefon

Zum Telefonieren von öffentlichen Telefonzellen aus braucht man jeweils einen Telefon-Jeton, den man für wenige Rubel an Kiosken bekommt. Ist die Verbindung zustandegekommen, muß man den kleinen Knopf neben der Wählscheibe drücken.

Vorwahlen

D, A, CH → Kaliningrad 0 07/01 12
Kaliningrad → D 8 10 49 + Vorwahl ohne »0«
Kaliningrad → A 8 10 43 + Vorwahl ohne »0«
Kaliningrad → CH 8 10 41 + Vorwahl ohne »0«

Toiletten

Öffentliche Toiletten (tualet, (Туалет) findet man u. a. im Südbahnhof, am Busbahnhof (Kalininplatz), vor dem Nordbahnhof (hinter dem ehemaligen Hauptbau), am oberen Ende des Schloßteiches und natürlich in jedem Hotel und Restaurant. Werden die Toiletten beaufsichtigt, zahlt man nach Tarif 600 Rubel, also etwa 20 Pf.

Trinkgeld

Trinkgelder galten in der Sowjetzeit als Unsitte des Kapitalismus. Inzwischen haben sich jene Russen, die in den internationalen Tourismus-zentren arbeiten, schnell daran gewöhnt, für eine gute Dienstleistung ein zusätzliches Salär anzunehmen. Als Richtschnur für die Höhe des Trinkgeldes gilt das Aufrunden des Rechnungsbetrages um 5 bis höchstens 10 Prozent auf eine glatte Summe. Gepäckträger erwarten für jedes Gepäckstück 1 US$ oder den ungefähren Gegenwert in Rubel. Einen ähnlichen Betrag hinterläßt man morgens im Hotelzimmer für das Stubenmädchen – allerdings kein ausländisches Hartgeld, denn das wechselt keine Bank.

Wanderungen

Die schönsten Wandergebiete findet man auf der **Kurischen Nehrung** zwischen Rossitten (Rybatschij) und Pillkoppen (Morskoje). Auch bei **Rauschen** (Swetlogorsk), im **Zehlauer Bruch** (Oserskij sap) bei Friedland (Prawdinsk), im **Eichwälder Forst** (Tschernjachowskij les), vor allem in der **Rominter Heide** zwischen Groß Rominten (Krasnolesje) und dem Wystiter See (Wischtynezkoje osero) läßt es sich herrlich wandern.

Zeit

Die Uhrzeit in Königsberg unterscheidet sich von der Mitteleuropäischen Zeit (MEZ) um plus eine Stunde. Wenn es in Frankfurt am Main 10 Uhr ist, zeigt die Uhr in der Oblast 11 Uhr. Die Sommerzeit beginnt und endet zur selben Zeit wie in Deutschland.

Zeitungen

Deutsch- oder englischsprachige Tageszeitungen gibt es kaum. Nur die sehr informative Monatsschrift »Königsberger Express« ist in allen Touristenhotels erhältlich.

Zoll

Zollfrei dürfen vorübergehend als persönliche Gebrauchsgegenstände eingeführt werden: Fotoapparat, Schmalfilm- oder Videokamera mit Filmen bzw. Video-Kassetten, Kofferradio, Videogerät, Fernglas, Schreibmaschine, Laptop, Schmuck. Alle wertvollen Gegenstände sollte man in die »Zolldeklaration« eintragen, um eine reibungslose Wiederausfuhr sicherzustellen.

Zollfrei zum Verbrauch bleiben 250 Zigaretten oder 250 g andere Tabakwaren, 1 l Wein und 0,5 l Spirituosen sowie eine angemessene Menge Parfüm. Die Ein- und Ausfuhr von Waffen jeder Art ist verboten; für Jagdwaffen ist eine besondere Genehmigung erforderlich. Nähere Auskünfte erteilt die Botschaft der Russischen Föderation (→ Diplomatische Vertretungen, S. 118). Bei der Ausreise sollte man für wertvollere Souvenirs die Kaufbelege vorzeigen können. Die Ausfuhr von Antiquitäten und Kunstgegenständen muß von der Kulturabteilung der Oblast-Verwaltung genehmigt sein. Verboten ist auch die ungenehmigte Ausfuhr von Rohbernstein in entsprechender Stückzahl bzw. Menge.

Fassadenmalerei in Cranz (Selenogradsk)

5. Jh. v. Chr.
Bernsteinhandel vom Samland nach
Griechenland und Ägypten.

3. Jh. n. Chr.
Im Bereich des Königsberger Ge-
bietes siedeln ostbaltische Völker:
Prussen und Kuren.

996/997
Vergeblicher Missionsversuch des
Bischofs Adalbert von Prag im prussischen Samland; am 23. April 997
wird er erschlagen.

11. Jh.
Wenige Kilometer vor der Mündung
des Pregel in das Frische Haff unter-
halten die Prussen zu Füßen ihrer
Burg Tuwangste eine bedeutende
Hafen- und Marktsiedlung, das spätere Königsberg.

Anfang 13. Jh.
Die Deutsche Hanse gründet in
Tuwangste eine Handelsnieder-
lassung.

1226
Papst Honorius III. und Kaiser Fried-
rich II. beauftragen den Deutschen
Orden unter seinem Hochmeister
Hermann von Salza mit der Missio-
nierung der Prussen.

1255
Der Deutsche Orden gründet Burg
und Siedlung Königsberg, benannt
nach dem prominentesten Teilneh-
mer des Kreuzzuges, König Ottokar
II. von Böhmen.

1286
Die »Altstadt«, ein selbständiger
Teil der Siedlung Königsberg, wird
mit dem Kulmer Stadtrecht ausgestattet. Zum »Kneiphof«, der Kauf-
mannssiedlung auf der Pregelinsel
zu Füßen der Burg, spannt sich eine
erste Brücke über den Fluß.

1300–1327
Die der »Altstadt« benachbarte
Handwerkerstadt »Löbenicht«
(1300) und der »Kneiphof« (1327)
erhalten das Stadtrecht.

1333–1380
Bau des Königsberger Domes auf
der Kneiphofinsel.

1339
Die »Altstadt« tritt dem Städtebund
der Deutschen Hanse bei.

15. Juli 1410
Die Schlacht bei Tannenberg zwischen dem Deutschen Orden und
den vereinigten Litauern und Polen
beendet die Expansion des Ordens.

1457
Nach Verpfändung der Marienburg
an Polen wird die Königsberger Burg
Residenz des Hochmeisters des
Deutschen Ordens.

1525
Der Hochmeister Albrecht löst den
Deutschen Orden auf und verwan-
delt den Ordensstaat in ein weltliches Herzogtum Preußen. Königsberg bleibt Residenzstadt. Luthers
Lehre wird Staatsreligion.

18. Januar 1701
Friedrich III., Kurfürst von Branden-
burg, krönt sich im Königsberger
Schloß als Friedrich I. zum König in
Preußen. Die drei Königsberger
Städte »Altstadt«, »Kneiphof« und
»Löbenicht« zählen zusammen
40 000 Einwohner und damit dop-
pelt soviel wie Berlin.

1709–1710
Ostpreußen wird von der Pest ent-
völkert. Friedrich Wilhelm I. siedelt
rund 40 000 Religionsflüchtlinge aus
der Pfalz, Nassau, Salzburg und der
Schweiz an.

1770–1804
Immanuel Kant lehrt an der Königsberger Universität; mit seinem »kritischen Idealismus« entwickelt er eines der Grundsysteme der deutschen Philosophie und erhebt die »Albertina« zu einem Mittelpunkt deutschen Geisteslebens.

14. Juni 1807
In der Schlacht bei Friedland (heute Prawdinsk) schlägt Napoleon die verbündeten Preußen und Russen.

Februar 1813
Der Landtag in Königsberg beschließt das Landwehrgesetz, eine wesentliche Vorbereitung für den Freiheitskrieg (1813–1815).

1853
Eröffnung der Eisenbahnverbindung Königsberg–Berlin.

18. Oktober 1861
Wilhelm I. setzt sich in der Schloßkirche zu Königsberg die Königskrone von Preußen auf.

1894–1901
Bau des »Königsberger Seekanals«, wonach Königsberg zum größten deutschen Getreideausfuhrhafen und weltweit größten Handelshafen für Hülsenfrüchte aufsteigt.

1918
Die Abtrennung Ostpreußens vom Reich durch den »Polnischen Korridor« bringt Königsberg in wirtschaftliche Schwierigkeiten.

1920
Reichspräsident Friedrich Ebert eröffnet die erste Deutsche Ostmesse.

26.–28. August 1944
In zwei Nächten verwandeln britische und amerikanische Bomber Königsberg in ein Inferno. 4200 Menschen finden den Tod, 200 000 verlieren ihre Wohnung.

31. Januar 1945
Die Sowjetarmee schließt den Belagerungsring um Königsberg. Deutsche Verbände halten einen Fluchtweg nach Pillau frei, über den der größte Teil der Bevölkerung Königsbergs und des nördlichen Ostpreußens entkommt.

6.–9. April 1945
Sturm der Sowjets auf Königsberg. Am 9. April unterzeichnet General Otto Lasch die Kapitulation der deutschen Truppen.

17. Oktober 1945
Angliederung des nördlichen Teils von Ostpreußen an die Sowjetrepublik Rußland entsprechend den Vereinbarungen der Potsdamer Konferenz vom Juli 1945. Königsberg, das jetzt noch etwa 25 000 deutsche Einwohner zählt, wird als »Kenigsberg« Hauptstadt des gleichnamigen Gebietes (Oblast).

1946
»Kenigsberg« erhält den neuen Namen »Kaliningrad« zu Ehren des russischen Politikers Michail Iwanowitsch Kalinin (1875–1946), 1919–1946 Staatsoberhaupt der Sowjetunion (UdSSR).

1947/48
Die letzten deutschen Einwohner der Kaliningrader Oblast werden nach Deutschland ausgewiesen.

1987
Kaliningrads Einwohnerzahl (394 000) übertrifft die Einwohnerzahl von Königsberg im Jahre 1939.

1997
Kaliningrad hat rund 430 000 überwiegend russische Einwohner.

WICHTIGE INFORMATIONEN

Hier finden Sie die in diesem Band beschriebenen Orte und Ausflugsziele. Außerdem enthält das Register die Hotels, wichtige Stichworte, landessprachliche Bezeichnungen sowie alle Tips dieses Reiseführers. Wird ein Begriff mehrfach aufgeführt, verweist die **fett** gedruckte Zahl auf die Hauptnennung. Die **Buchstaben-Zahlen-Kombinationen** nach den Seitenangaben verweisen auf die Planquadrate der Karten.

A
Adamcik & Adamcik (Tip) 68; D3
Adlerwalder Moor 78
Agnes-Miegel-Haus 40; A2/B2
Alte Apotheke (Trakehnen, Tip) 106
Alte Börse **24**, 76; C4/D4
Altstadt 5
Amalienau (Tip) 22, **25**
Amts- und Landgericht 24; B1/C1
Angerapp 100, 113
Angrapa 100
Ankunft 14
Anreise 14
Ausflüge 78, 80, 86, 96, 100, 108
Auskunft 114
Autofahren 14, 16

B
Bagrationowsk (Tip) 110
Bahnverbindungen 14, 17
Balga 108
Baltijsk 80, 81
Baltika (Hotel) 20
Baltikinn (Hotel) 20; B4
Baltisches Meer 80, 86
Bernstein (Tip) **50**, 67; D2/D3
Bernsteinmine (Palmnicken, Tip) 84
Bernsteinmuseum 52, 54; E1
Bessel-Gedenkstein 24; B3
Bevölkerung 114
Boloto Mitschurinskoje 78
Bolschoj Mochowoje boloto 78, **97**
Boschakowo 97
Botanischer Garten 25
Brandenburger Tor 26; B5/B6
Brandenburg 79, **108**
Bremerhaven (Hotel) 20
Brückenzollhäuschen **26**, 76; D5
Bunkermuseum 55; D2/D3
Burg Königsberg 5
Busverbindungen 14, 17

C
Campingplätze 19
Cranz 70, 79, **84**, 86

D
Darkehmen 113
Deima (Hotel) 20
Deimebrücke 96
Deutsche Hanse 5
Deutsche Ostmesse 7
Diplomatische Vertretungen 114

Dobrowolsk 99, **100**
Dohnaturm 26; E1
Dom 5, **26**, 76; D4

E
E.T.A.-Hoffmann-Gedenkstein 32; D3
Ebenrode 107
Einkaufen 66
Eisenbahnverbindungen 14, 17
Elchniederung 96
Eßdolmetscher 62
Essen und Trinken 56
Eydtkau 107
Eydtkuhnen 107

F
Feiertage 115
Feste 72
Fischhausen 81
Flugverbindungen 14
Fort V 28
Fotografieren 116
Friedensprospekt 74
Friedländer Tor 28; E6
Friedland 111
Friedrichsburgtor 29; B4
Frisches Haff 70, 79, **80**

G
Gastellowo 97
Geld 116
Gemäldegalerie (Klaipéda) 94
Georgenburg 102
Georgenswalde 84
Gerdauen 111
Germau 83
Geschenke 116
Geschichte 122
Gilge 79, **96**
Gräfe und Unzer 49
Grolmanbastei 29; F2
Groß Baum/Augstagirren 97
Groß Friedrichsdorf 97
Groß Skaisgirren 97
Großer Friedrichsgraben 96

Großer Moosbruch 78, **97**
Gumbinnen 103
Gurjewsk 85
Gussew 103
Gwardejsk 100
Gwardejskoje 110

H
Haselberg 99
Haus der Bücher 49
Haus der Räte **29**, 74; D3
Heiligenbeil 109
Heinrichswalde 97
Honigbrücke 76
Hotel Moskwa (Restaurant, Tip) 60; B1
Hotels 18
Hotelschiff Hansa (Tip) 99, 19
Hufen 22

I
Inster 100
Insterburg 102
Instrutsch 100
Ischewskoje 80
Israelisches Waisenhaus 32; D4

J
Jantarnyi 83
Jasnaja Poljana 103
Juditter Pfarrkirche 32
Jugendherbergen 19
Juodkranté 90

K
Kalinindenkmal 33; C6
Kaliningrad (Hotel) **20** 74, 76; D3
Kaliningradskij kanal 81
Kaliningradskij saliw 80
Kalininingradskaja Oblast 4
Kalininplatz 76
Kantdenkmal **33**, 49, 74; D3
Kantgrab 33; D4

Kantmuseum 54; D2/D3
Kaserne Kronprinz 34; F2
Kathedrale **34**, 74; C1
Kinder 70
Kirche zur Heiligen Familie **35**, 76; D5
Klaipéda 92
Kneiphof 5
Kneiphofinsel **35**, 76; C4/D4
Königsberger Seekanal 81
Königstor 36; F2/F3
Kosmonautendenkmal 36; A1/B1
Kreuzkirche 38; E4
Krasnij les 107
Krasnosnamensk 99
Kreuzingen 97
Kulturpark „Kalinin" 38; A1/A2
Kurische Nehrung 86
Kurisches Haff 79, 80, **86**
Kurschskaja kosa 86
Kurschskij saliw 80, **86**
Kutusowdenkmal 39

L
Labiau 96
Laduschkin 108
Lasdehnen 99
Lenindenkmal 39; C1
Leninprospekt 76
Lesetip 10
Lesnoj 79, **89**
Löbenicht 5
Lomse 76
Ludwigsort 108
Luisenkirche **39**, 74; A1/A2
Luisenwahl 38; A1/A2

M
Majowka 102
Mamonowo 109
Marinedenkmal 39; D4
Matrosowo 79

Medizinische Hilfe 117
Memel 92
Memorial der 1200 Gardisten 39; B3
Minge 90
Minija 90
Morskoje 86
Moskwa (Hotel) 20; B1
Mühlhausen 110
Museen 52
Museum der Weltmeere 52, **55**; C4
Museum für Geschichte und Alltag 55; E6
Museum für Geschichte und Kunst 52, **55**, 74; D2/D3
Museum des Kurischen Nationalparks 89
Museum über die letzten Wochen und Tage der Festung Königsberg **55**, 74; D3
Mutter-Rußland-Monument **40**, 74; C2

N
Nachtleben 117
Neman 99
Nesterow 107
Neuhausen 85
Nida 86, **89**
Nidden 86, **89**
Nordbahnhof 41; C1
Notruf 117

O
Oberpostdirektion 41; B1
Oberteich 41; D1/E1
Oblast 12, 108
Orgelhalle der Philharmonie 35; D5
Osjorsk 113
Otradnoje 84

P
Palmnicken 83
Patriot (Hotel) 20
Pervalka 90

WICHTIGE INFORMATIONEN

Perwelk 90
Pillau 80, 81
Pillkallen 99
Pillkoppen 86
Pissa 100
Platz des Sieges 74
Polessk 96
Polizeipräsidium 41; C1
Post 117
Postnicken 79
Prawdinsk 111
Pregel 4, 100
Pregolja 100
Preisklassen (Hotels) 19
Preisklassen (Restaurants) 59
Primorsk 81
Preußisch Eylau 110
Privatquartiere 19
Privatunterkünfte 19
Prussenmuseum 52, **55**; B4
Puppentheater 70

R
Ragnit 99
Rathaus 42; C1/C2
Rauschen 70, **83**
Reisedokumente 118
Reiseveranstalter 118
Reisewetter 118
Reitertouren 106
Rominter Heide 107
Rosenau 22
Rosenauer Kirche 42
Roßgärter Tor **42**, 74; E1
Rossitten 79, **89**
Rupp-Gedenkstein 42; D4
Russkoje 83
Rybatschij 79, **89**

S
Sackheimer Tor 42; F3
Saliwnoje 79
Samland 80
Sandkrug 90
Sarkau 79, **89**

Schauspielhaus **43**, 74; B1
Schelesnodoroschnyj 111
Schiffsverbindungen 14
Schillerdenkmal **43**, 74; B1/B2
Schloß 43; D3
Schloßberg 99
Schloßteich 44; D3/E1
Schwarzer Berg 89
Schwarzort 90
Sehenswertes 22
Selenogradsk 70, 79, **84**, 86
Semlandskij poluostrow 80
Sicherheit 119
Slawsk 97
Smiltyné 90
Snamensk 100
Soldatenfriedhof 83
Sosnowka 97
Sowjetsk 96, 97
Spaziergänge 74, 76
Speicher 46
Sprache 119
St.-Adalbert-Kirche 46
Staatliche Kunstgalerie 55; E3/E4
Stadion Baltika 46; B2
Stadthalle **46**, 74; D2/D3
Stallupönen 107
Sternwartebastei 46; B3
Stromspannung 120
Südbahnhof **47**, 76; C6
Südpark **47**, 76; C6/E6
Swetlogorsk 70, **83**
Swetlyi 81

T
Tankstellen 16
Tapiau 100
Taxis 17
Tee 59
Telefon 120
Tharau 110

Tiergarten **48**, 70, 74; A1/B1
Tilsit 96, 97
Toiletten 120
Tollmingen 107
Tollmingkehmen 107
Tourist (Hotel) 20
Trakehnen 103
Trakehnergestüt 102
Trinkgeld 120
Tschajka (Hotel) 20
Tschernaja gora 89
Tschernjachowsk 102
Tschernyschewskoje 107
Tschistyje Prudy 107

U
Universität **48**, 74; D2/D3
Unterkünfte 18
Uschakowo 79, **108**

V
Venté 90
Verkehrsregeln 17

W
Wallenrodtsche Bibliothek 27
Wanderungen 121
Wehlau 100
Weltzeituhr 50; D3
Weseloje 108
Widitten 80
Windenburg 90
Wischtyter See 100
Wisentbullen 74
Wladimirowo 110
Wodka 56, 58, 66
Wrangelturm 50; D1

Z
Zeit 121
Zeitungen 121
Zentralmarkt 50; D1
Zimmerbude 81
Zoll 121

MERIAN *live!* bringt Licht in den Norden.

Wo sonst in Europa läßt sich unberührte Natur so eindrucksvoll erleben wie im hohen Norden. Faszinierende Fjordlandschaften, dramatische Gletscherberge, klare Seen und einladende Strände. Dazwischen warmherzige Gastfreundschaft und junge, pulsierende Städte.

MERIAN *live!* bringt Ihnen all dies zum Greifen nah. Mit seinem erlebnisorientierten Konzept und gewohnt klaren Texten.

8 Reiseführer stehen zur Wahl: Island, Norwegen, Norwegen mit dem Postschiff, Dänemark, Schweden - Der Süden, Finnland, Kopenhagen, Stockholm.

ISBN 3-7742-0299-0.

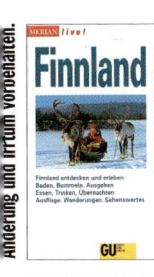

ISBN 3-7742-0380-6

ISBN 3-7742-0343-1

ISBN 3-7742-0283-4

ISBN 3-7742-0297-4

Änderung und Irrtum vorbehalten.

Mehr draus machen Mit Gräfe und Unzer

WICHTIGE INFORMATIONEN

An unsere Leserinnen und Leser:

Wir freuen uns, Ihre Meinung zu diesem Reiseführer zu erfahren. Bitte schreiben Sie uns, wenn Sie Berichtigungen und Ergänzungsvorschläge haben oder wenn Ihnen etwas besonders gut gefällt:

Gräfe und Unzer Verlag
Reiseredaktion
Stichwort: MERIAN live!
Postfach 40 07 09
Isabellastraße 32
80707 München

Alle Angaben in diesem Reiseführer sind gewissenhaft geprüft. Preise, Öffnungszeiten usw. können sich aber schnell ändern. Für eventuelle Fehler übernimmt der Verlag keine Haftung.

Lektorat: Karin Szpott
Bildredaktion: Christof Klocker
Kartenredaktion:
Reinhard Piontkowski

Gestaltung: Ludwig Kaiser
Umschlagfoto: J. Kalmár/Kantdenkmal bei der Universität
Karten: Kartographie Huber
Produktion: Helmut Giersberg
Satz: Hubert Feldschmied
Druck und Bindung: Appl, Wemding
ISBN 3–7742–0453–5

Fotos
C. Gorys 4, 5, 6, 24, 32, 35, 38, 47, 48, 69, 71, 73, 77, 80, 91, 112
Gräfe und Unzer Verlag/Archiv 2, 30/31
G. Jung 62
J. Kalmár 7, 8/9, 11, 12, 13, 15, 16, 18, 21, 23, 27, 29, 34, 36, 37, 40, 43, 45, 49, 51, 53, 54, 57, 59, 61, 66, 75, 78, 79, 82, 86, 87, 95, 96, 97, 101, 102, 104/105, 107, 108, 109, 115, 121
T. Stankiewicz 92

Dieses Buch wurde auf chlorfrei gebleichtem Papier gedruckt

1. Auflage 1997
© Gräfe und Unzer Verlag GmbH, München